《标竿人生》作者华理克 告诉你

这一天，
是为了你

华理克（RICK WARREN）/ 著

杨高俐理 / 译

你的诞生并不是一次偶然的意外，
他的诞生更不是一段巧合的历史。
这一切，都是精心的安排。
这一切，都是为了你。
当你接受了这份爱的礼物，
你将有全新的力量，
面对充满意义的每一天。

THE PURPOSE
OF CHRISTMAS

上海三联书店

本书送给

_____

_____ 敬赠

"朋友在乎时常关怀；亲人在乎分担忧患。"

《箴言》十七章 17 节（现代中文译本）

THE PURPOSE OF CHRISTMAS
by Rick Warren

这 一 天 ， 是 为 了 你

华理克 Rick Warren / 著

杨高俐理 / 译

本书特别献给

所有即将接受、打开并享受
上帝赏赐的圣诞礼物的人。

圣诞快乐！

——华理克——

 目 录

译者序

邀请您度过一个以马内利的❶圣诞节

　　许多年以前，我还是一个新大陆的生客，在美国过第一个圣诞节。学业未成，前途未卜。面对灿亮的圣诞街景，心中是一份新奇加上一份落寞。亲人为了慰藉我的孤寂，为我买了无线电城音乐厅圣诞节目 (Radio City Christmas Spectacular) ❷ 的票。走在纽约寒风瑟瑟的街上，抖擞在打工买来的新大衣里，跟着人龙排队入场。

　　节目果然令人叹为观止。仿如真正的耶稣诞生一般，令人身临其境，世界各国庆祝圣诞的风俗习惯都被包含并融入整个节目之中。自己也不由自主地感染了那份喜庆欢愉，暂时忘却了烦恼忧虑。两个小时节目一晃过去了。幕落了。就在那一刻，一行行的字开始出现在幕前：

　　"……这位人称他耶稣的基督，诞生在一个卑微的马槽，连衣服也没有。一辈子未曾上过学，没有自己的住处，未曾到过离出生地 200 英里之外……一生过着忧患、孤独的生活……

时光来了又走，在 20 个世纪之后的今天，世界的历史却以他为中心，因他而改变，从君王、领袖、士子到贩夫走卒，都膜拜他为救主，千万人的生命因他而改变……" ❸

散场了，我仍静静地坐在那里，被那几行字所震慑。眼泪从我的双颊滑落。忽然，一种丰富满足的感觉涨溢全身。我，就在那一刻，再一次接受了那份无价的礼物——神子耶稣基督。

走在纽约街头的寒风中，一切如常，新年就在转角，而我却不一样了。一股新的力量从里面生发出来，一种笃定与平安与我同在。年复一年，面对新的年代、新的挑战、新的世纪，我不再害怕、不再犹豫。因为，"有一婴孩为我们而生，有一子赐给我们，政权必担在他的肩头上，他名称为奇妙、策士、全能的神、永在的父、和平的君。他的政权与平安必加增无穷，他必在大卫的宝座上，治理他的国，以公平公义使国坚定稳固，从今直到永远。" ❹

今年的圣诞节，盼望这本小书带给您一个永远不再一样的以马内利的圣诞节！

译注:

---

❶ 《马太福音》一章 23 节中，"以马内利"的意思是"上帝同在"。

❷ 自 1933 年以来，每年圣诞节期都会在纽约无线电城音乐厅上演大型节目，时间从 11 月 9 日上演至 12 月 30 日，有超过百万人前往观赏，已经成为纽约的一个圣诞传统。

❸ 《孤独的生命》（One Solitary Life）（1926），艾伦（James Allan）的诗作。

❹ 《以赛亚书》九章 6 节。

第一章

圣诞的目的
THE PURPOSE OF CHRISTMAS

凡事都有定期，天下万物都有定时。

《传道书》三章 1 节（和合本）

为什么圣诞节这么重要？

圣诞节是世界上每年最大的节庆。其他的节日都只那么一天，圣诞节却总是持续一整个月，成为普世瞩目的焦点，占了全年的十二分之一。圣诞节庆期间，亿万人把日常的事情摆在一边，挪出时间来装饰他们的房子、寄卡片彼此问候、买礼物、参加圣诞派对、教会聚会、唱圣诞歌曲、观赏圣诞电视特别节目，甚至长途跋涉，为了要与家人相聚。圣诞的欢声与景象到处弥漫，甚至有些商店与工作就专门为了准备庆祝这个节日而设呢！圣诞节来临时，你绝对不会错过，因为圣诞气息充满了每一个角落。

你若停下来稍加思索，必定会为这个在 2000 年前，以简陋又卑微的方式诞生于中东乡下的小男婴所引起的轩然大波，感到惊讶不已——他的诞生直到今日还引起许多地方交通大堵塞，例如纽约、东京和里约热内卢等大都市！

你或许从未曾想过，每次当你查看月历或记录日期时，你便是在使用耶稣基督为你的标记。因为耶稣的缘故，历史被分为公元前（BC，before Christ，在基督之前）和公元后（AD，anno Domini，我们主的日子）。历史上的每一个事件，以及你今天月历上的每个行程，都以耶稣基督来到世上多少日子作标记。

甚至**你的**生日都以**他的**生日来标记。

耶稣基督诞生在伯利恒的那晚，一小群穷苦的牧羊人安静地看顾着附近野地的羊群。他们仰视天上的星星，与往常数千个夜晚似乎没有不同。然而，那即将发生的事情，不仅会改变牧羊人的一生，也将改变亿万人的人生。这个世界将不再一样。突然，一道亮光划过天空，一位上帝差来的天使出现在他们之上，开始向他们说话。这看似无法置信的一切把他们吓坏了。

《圣经》提供了我们原版的圣诞故事：

在伯利恒郊外，有些牧羊人夜间露宿，轮流看守羊群。主的天使向他们显现；主的荣光四面照射他们，他们就非常惊惶。可是天使对他们说："不要害怕！我有好消息告诉你们；这消息要带给万民极大的喜乐。今天，在大卫的城里，你们的拯救者——主基督已经诞生了！你们会看见一个婴儿，用布包着，躺在马槽里；那就是要给你们的记号。"

忽然，有一大队天军跟那天使一起出现，颂赞上帝说："愿荣耀归于至高之处的上帝！愿和平归给地上他所喜爱的人！"

《路加福音》二章 8-14 节

天使说圣诞将"带给万民极大的喜乐"。真的吗？对于许多人来说，准备过圣诞节似乎是恼恨多于快乐的泉源。对于他们来说，圣诞节可是压力的来源，他们感到重压甚于乐趣。它成了义务，而不是欢愉。他们得忍受圣诞，而不是享受圣诞。

在这圣诞时节,许多可能的原因或许让你觉得不自在、孤单,甚至抑郁。你可能为了必须与希奇古怪的亲戚共度时光而害怕;或许你的家人彼此之间正处于紧张困难的关系;又或许没有人可以与你共度这个圣诞;圣诞节也可能使你想起过去的伤害、失丧与变化;你的宗教背景可能没有圣诞节,或者你根本没有宗教信仰,因此看别人庆祝圣诞可能让你感觉不自在;也可能你已经在过去一年的日子里筋疲力尽、心神枯竭了。这个圣诞节,上帝与我都非常记挂你的感受。这也是我写这本书的原因。

无论你的背景、宗教、问题或环境怎样,圣诞对你实在是一个最好的消息。在这热闹的圣诞表象之下,是一个简单却深刻的真理,足以改变你在世上和直到永恒的生命。此刻,再没有比了解圣诞节对你人生的意义更重要的事了。

你若能够缓下来几分钟,花点时间读读这本小书,停下脚步来考虑一下圣诞的目的,你便能领受并享有你从未得过的最好的圣诞礼物。这是一份上帝给你的圣诞礼物。

上帝给你的圣诞礼物有三个特质,这使它成为了独一无二的礼物。第一,这是一份你所能得到的最为贵重的礼物。它是无价的,是耶稣付上生命代价而得来的。第二,这是你所收到的唯一一份可以持续到**永远**的礼物。最后,这是一份非常实际的礼物——你这辈子每天都可以使用它。有兴趣吗?

你读这本书绝不是巧合。上帝对你的出生早已有计划,甚至在你出生之前,他便已经知道这一刻会来到。事实上,很可能你这一生直到这一刻,都在预备你接受这一份上帝要给你的圣诞礼物。

在第一个圣诞夜,天使宣告了耶稣降生的三个目的:

圣诞节是欢庆的时刻!

圣诞节是拯救的时刻!

圣诞节是和好的时刻!

第二章

欢庆的时刻
A TIME FOR CELEBRATION

这是上主得胜的日子；我们要欢乐，我们要庆祝。

《诗篇》一一八篇 24 节（现代中文译本）

圣诞节是一个派对。讲得清楚点，是一个庆生会——为耶稣举行的——生日本该被庆祝。这就是为什么我们说："**圣诞快乐！**"

讽刺的是，大部分的圣诞派对里，我们应该庆生的主角往往被忽视了，甚至完全没有被提起。耶稣正是这个节庆的原因，但他却常常被漏掉，或只是与红鼻麋鹿（Rudolf）、圣诞雪人（Frosty the Snowman）、圣诞老人（Santa Claus）、偷了圣诞的金瑞德（Grinch）、制作玩具给小孩的矮精灵（Elves），以及一长串假想的节庆人物并列而提。

当我在写这本小书时，我决定对圣诞节进行采购的人们做一个调查。我问道："圣诞节你庆祝什么？"大部分人的回答与耶稣无关：

◇ "我庆祝我又度过了一年。"

◇ "我庆祝与家人团聚。"

◇ "我拿到圣诞红利。"

◇ "我儿子从伊拉克回来。"

◇ "我投票的候选人当选了。"

◇ "我庆祝我完成了圣诞购物。"

◇ "我没为什么庆祝，我只是试着活下去。"

准备过圣诞节有许多工作要做，特别是做母亲的。买礼物、寄卡片、布置家里、悬挂圣诞灯、做菜、参加派对，以及善后工作，我们实际能享受圣诞意义的时间很少。

圣诞的第一个目的是欢庆！ 我们从天使对伯利恒的牧羊人宣告的开场白得知，上帝有一个值得我们每个人开派对欢喜庆祝的绝妙好消息。

"我报给你们大喜的信息，是关乎万民的。"

《路加福音》二章 10 节（现代中文译本）

　　圣诞的好消息有三个理由值得我们庆祝。它是给每一个人的："我报给你们"。它是正面的："大喜的**好**消息"。它是普世的："是关乎**万民**的"。无论你是谁，你做了什么，你在哪里或你往哪里去——这个消息是给你的。

　　一份全国性的杂志曾有一个"你用得上的消息"专栏，我总是先睹为快。而这位天使带给我们的是用得上的消息，是世上最好的消息：

上帝爱你！

上帝与你同在！

上帝为你！

圣诞是庆祝上帝爱你的时刻！

《圣经》中最有名的话，就是耶稣解释上帝为何差派他来到世上："上帝爱世人，甚至将他的独生子赐给他们，叫一切信他的，不至灭亡，反得永生。"❶

圣诞的整个理由就是——上帝的爱。上帝是这么爱你，因此他成为人降生来到世上，使你可以认识他，学习信靠他，并回报他的爱。神学家将之称为**道成肉身**。上帝成为我们的样式，好叫我们可以认识他是什么样子。

上帝已经给了我们人类认识他的能力，这是一般动物所没有的。他按照"**他的形象**"❷来创造我们，包括享受一份个人与上帝关系的能力。他主动差遣耶稣来，好使我们理解他的爱，以及我们对他的需要。

当然，单单借着观察他所创造的一切，我们也能稍微了解他。比方说，看看大自然，我们知道造物主喜爱多样化：他创造了千变万化到令人不可思议的宇宙。想想这些植物、动物、岩石的成形，雪花和人类，其阵容真是浩大得难以数算。即使是双胞胎，也没有一模一样的两个人。上帝不创造复制品，我们每一个人都是原版。你一旦出生，上帝便将模子打破了。

借着考察自然界的现象，我们也知道上帝大有权能，非常有次序，并且喜爱美丽。我们都知道，上帝必定乐见我们享受他所创造的一切，否则他为什么要给我们这么多享受大自然的方式？他给我们味蕾，然后将难以置信的各种气味，例如巧克力、肉桂和许多不同的香料充满在这个世界上；他给我们眼睛去领会颜色，然后以彩虹的颜色来充满这个世界；他给我们敏锐的耳朵，然后以各种节奏与音乐来充满这个世界。你那份享受的能力，正是上帝爱你的证明。他完全可以造出一个无味、无色、无声的世界。《圣经》说，他是"把万物丰丰富富地赐给我们享受的上帝"。❸ 他大可不必这样做，但是他却这么做了，因为他爱我们。

然而，在耶稣来到世上之前，我们对上帝的爱的理解是很

有限的。因此，上帝入侵地球。这是有史以来最伟大的入侵！自此之后，一切都改变了。上帝可以选择几千种办法来与我们沟通，但既然他设计并创造了我们，他知道与我们沟通最好的办法就是面对面。

如果上帝要与鸟沟通，他会变成一只鸟。如果上帝要与牛沟通，他会变成一头牛。但上帝要与我们沟通，因此他成为人。他没有差遣一位天使、一位先知、一位政治家或一位大使，而是亲自前来。如果你要某人知道你有多爱他们，你不能差一个代表来沟通，你必须亲自去说。这正是上帝在圣诞时所做的。

《圣经》告诉我们上帝**是**爱，它没有说上帝**有**爱，而是上帝**是**爱。爱是上帝性格的本质，是他的本性。宇宙中每一样事物存在的原因，是因为上帝要爱它。"他恩待众生；他的恩慈及于一切被造物。" ❹

想想看，如果上帝不想爱某一个受造物，他便不会创造它。你看得见的每个受造物，**以及其他亿万个你所看不见的**，都是上帝所创造的，因为他享受在其中。即使当我们因为自己的罪而糟蹋了他的创造，他还是爱这一切。每一颗星、每一个星球、每一只动物、每一个细胞，最重要的，每一个人，都是出自上帝慈爱的创造。

你是出于上帝的爱所创造的。他创造**你**，为了要爱你！你活着，有一口气，并且读着这本小书，都是因为他的爱。你的每一次心跳，你的每一口呼吸，上帝都在对你说："我爱你。"如果上帝不要你，你也不会存在的。虽然有所谓未经计划的、意外的父母，却没有意外的婴儿。父母可能并未计划有他们，他们却都已经在上帝的计划里了。

你知道吗？在他未创造这个世界**以前**，便已经想到你了。其实，这正是他要创造这个世界的原因。他设计这个星球的环境，刚好有人类可以生存在其上的条件特点。《圣经》说："**他按照自己的旨意，借着真理的话创造了我们，使我们在他所造的万物中居首位。**"❺上帝看我们比任何其他的受造物都更重要。

上帝对你的爱是无条件的，因此无论你的日子顺利与否，他都一样爱你。你感觉得到他的爱也好，你感觉不到他的爱也好，他都一样爱你。无论你的表现、你的心情、你的行动、你的思想如何，他都爱你。他对你的爱始终不变。你人生中的每件事情都会改变，但上帝的爱却不变，这爱稳固又连绵不绝，是你坚定不移的自信的根基。

无论你做什么，都无法使上帝不再爱你。你可以试试看，但你注定会失败！因为上帝对你的爱是基于他的本质，而不是你的行为。这爱是基于他是谁，而非你做了什么。《圣经》说：

"基督的爱是过于任何人所能理解的，但我愿你们都能知道这爱。" ❻

一个潜在的问题是，每年的圣诞欢庆当中，很多人只把耶稣当作一个婴儿！他们对于耶稣的理解，只是一个在母亲怀抱里无助的新生儿罢了。如果耶稣从未长大，做他所做的一切，他便没有任何能力来改变我们的生命。

但是这个在伯利恒出生的婴儿，不仅仅只是个婴儿。耶稣他长大成人，成了我们的榜样，活出上帝喜悦的人生，教导我们真理，为我们所犯的罪死在十字架上，偿付赎价，并且证明他是神，能够复活来拯救我们。这就是好消息。当罗马人将耶稣钉在十字架上时，他们将他的手臂展开。当他的手臂大大地伸展开来时，耶稣正式以他的身躯向我们显示："我是这么的爱你！我爱你爱到如此之痛！没有你，我宁愿生不如死！"下一次你看到耶稣在十字架上展开双臂的图片时，请记得他是在说："我是**这么的**爱你！"

圣诞是欢庆上帝与你同在的时刻！

如我前面所提到的，圣诞节时有很多人感到孤独。现在，你或许不**觉得**上帝与你同在，但上帝与你同在的事实与你的感觉无关。你的情绪非常容易受到各种事物的影响，因此往往不可靠。有时，你得到的最糟的建议是："照你的感觉去做。"往往我们的感觉既不真实也不正确。你的情绪状态可能是记忆、荷尔蒙、药物、食物、缺乏睡眠、紧张或害怕的结果。每当我开始对某种情况感到焦虑，我都会提醒自己，那种惧怕心态常常是毫无根据却能以假乱真的幻象。

上帝在圣诞来到世上提醒你，无论你在哪里，他都一直与你同在。这是一个事实，不管你感觉得到与否。《圣经》说：

"我往哪里去躲避你的灵？我往哪里逃、躲避你的面？"❼

但是你必须先一步一步慢慢地与他连上线，或对准他的频道，这个技巧是你可以学得的。我已经在《标竿人生》这本书里提到过。

有些婴儿有三、四个名字，是为了尊荣他们的亲人。上帝也吩咐替耶稣取了几个名字，以解释耶稣来到世上的目的。耶稣的其中一个名字是"以马内利"，意思是**上帝与我们同在**。❽难怪天使告诉牧羊人："不要害怕！"当上帝就近你时，你不再感到害怕，因他的出现，战胜了我们的恐惧。

在你的人生里，可能经历被遗弃——被你的配偶遗弃、被你的父母遗弃、被你的子女遗弃，或被你视为朋友的人遗弃。每一个人都或多或少曾面对被拒绝的心痛与伤害。你可能经验过种族歧视、性别歧视的刺痛或宗教上的不宽容。如果是这样，我感到很遗憾。但是上帝并未丢弃你，他永远不会离弃你！《圣经》说："上帝说过：'我永不离开你，永不丢弃你。'"❾

上帝在《圣经》里最伟大的一个应许是："你面临如深渊的烦恼，我和你在一起；你渡过如江河的困难，河水不淹没你；你踏过如炭火的逼迫，不被灼伤；你陷在火焰里，也不受伤害。"❿我不知道目前这一刻，你正感觉被怎样的困境所淹没，或你的人生感到如何焦虑，但我确实知道，无论你面对的是什么，上帝都知道，他也关切并了解这一切，他要与你一起度过，你并不孤单。这一件事实引领我们看到这个好消息的第三方面。

圣诞是欢庆上帝为你的时刻！

"为你"，这两个字在《圣经》里经常出现。例如，当耶稣遇见人时，他的第一句话常常是这个问题："*你要我为你做什么？*" ⓫当耶稣设立圣餐时，他说："*这是我的身体，是为你们牺牲的。*" ⓬圣保罗说："*上帝若为我们，谁能敌挡我们呢？*" ⓭当你面临对你个人的攻击时，有上帝**与你**同在，真是太好了，但你若知道他甚至是特别**为你**，岂不更好！

很多人认为，上帝老在暗中等着要把他们逮个正着——好像在与他们玩"我抓到你了！"的游戏，只等着他们把自己搞得一团糟、失败透顶，然后再来对他们说："我不是早就告诉过你了吗？"他们把上帝想像成残暴、无所不在、爱发牢骚、专爱破坏我们的好事，并且总是不断找碴、批评、审断甚至报复我们的神。但是上帝自己却说："我知道我为你们安排的计划。我计划的不是灾难，而是繁荣；我要使你们有光明的前程。"❶

没有人比上帝更想要你得到最好的，没有人更知道什么能使你真正幸福。上帝不愿意你怕他，他要你**奔向**他，而不是**远离**他。事实上，《圣经》里有 365 次，上帝说："不要害怕！"这等于一年里每天都说一次："不要害怕！"所以你在怕什么？我们没有人知道明年要面对什么，但是我们可以确定上帝爱我们，上帝与我们同在，上帝为我们。任何一个人加上上帝，在任何情形中都能变成多数。

那么，我们对上帝的惧怕到底从何而来？基本上有两个来源：一是罪咎感，另一是对于上帝缺乏真正的认识。《圣经》说："爱里没有惧怕，完全的爱可以把惧怕驱除，因为惧怕含有刑罚，惧怕的人在爱里还没有完全。"❶ 罪咎使我们缺乏安全感。

你是否注意到，有些人只要一听人提到上帝或耶稣，便感到极度不安？我见过有人一提到耶稣，身体便立刻有反应。他

们的肚腹、脸部、肌肉都本能地紧张起来，常以对抗或溜掉两种方式来回应。或许你觉得你就是这样的反应，却不知道到底怎么回事。肾上腺素开始在你的血管里冲击，最普通的原因是，我们都因为犯错、羞于启齿的行为或亏待人而带着一些秘密的、隐藏的罪。我们自己假设上帝对我们很愤怒，要责备我们失败的行径，所以我们便试着躲避他或避免谈论他。

但是上帝并没有对你生气，他甚至**为你**着迷！耶稣说："**因为上帝差遣他的儿子到世上来，不是要定世人的罪，而是要借着他来拯救世人。**" ❶❻ 如果你研究耶稣的一生，你会很快地发现，当你犯错时，耶稣不会咄咄逼人，他乃是将之除去、擦掉。他来，是为了要除去你所有的罪、错误、失败和悔恨。这就是为什么天使对牧羊人的第一个宣告是："不要害怕！"耶稣来是要救我们，不是要吓我们！这是我们欢庆的一个原因。

为耶稣举行庆生会来欢庆圣诞！

我妹妹最近找到我的一张相片，相片中的我还是个三岁的孩子，站在一个庆祝耶稣生日的蛋糕旁边，蛋糕上插着蜡烛。有这个蛋糕是我出的主意。当时三岁的我问妈妈说："为什么有圣诞节？"妈妈耐心地向我解释圣诞节是庆祝耶稣的生日。当时幼小的我立刻来了灵感，我以孩子的逻辑推论出这样的结论："那好，我们应该办一个庆生会！我们可以弄一个蛋糕、一些饮料，一起向耶稣唱生日快乐歌！"妈妈说："好，我们来办一个！"

就这样，我们开始了一个延续了 50 年的华家传统——每次平安夜的"耶稣庆生会"，我们配上"天使蛋糕"，插上蜡烛，

我在三岁时提议，我们为耶稣办个庆生会。

由年纪最小的孩子（现在则由孙子）来吹熄蜡烛。我们家每年为耶稣举办庆生会，到现在已经超过 50 年了。现在，我们有四代人一起庆祝分享。

除了唱圣诞诗歌、读《圣经》里的圣诞故事，每一家还要轮流回答分享两个问题："从去年到现在，你最感谢上帝的事是什么？"和"既然是耶稣的生日，那么你明年要送给他什么礼物？"这两个简单的问题，带给我们家族许多最深刻感人的时刻。

由于现今生活步调快速，我们很快便忘记上帝为我们做的美好事物，便匆匆又继续迎接下一个挑战。因此，我建议你们建立起一个每年的庆祝活动，在家里与家人或好友为耶稣办一个庆生会。订下一个一年一度的日期，停下来，回忆一下上帝在你生活中的恩典，重新立定心志更认识他、更爱他。这会是一个使圣诞节更具意义的好方法。

我们的庆生会也随着我们家庭的转变而逐年变化。我与我的兄弟姊妹年轻时，气氛轻松、有趣、充满笑声。当我们渐渐成熟，我们的分享开始变得激烈、热情、更具深度。同样的循环，在我的孩子们身上也重复发生，现在又因着孙辈们再次循环了。我们常常因为分享彼此对基督的爱与委身，而使我们个人与上帝，甚至彼此之间的关系更坚固、更亲密。

新一代来，旧一代走。现在，我的父母已经回到天上。在这样一个多变的世界，我们全家对基督的坚定信心，使我们能面对人生里无法避免的难题：癌症、亲人的死亡、失业、婚姻问题、家庭冲突、经济困境，以及各种窘迫压力。今年的圣诞，无论你面对的是什么，请试着欢庆那真实的事物。这将会改变一切。

注释：

---

❶ 《约翰福音》三章 16 节（和合本）

❷ 《创世记》一章 26 节（和合本）

❸ 《提摩太前书》六章 17 节（现代中文译本）

❹ 《诗篇》一四五篇 9 节（现代中文译本）

❺ 《雅各书》一章 18 节（现代中文译本）

❻ 《以弗所书》三章 19 节（译者意译）

❼ 《诗篇》一三九篇 7 节（和合本）

❽ 《马太福音》一章 23 节（现代中文译本）

❾ 《希伯来书》十三章 5 节（现代中文译本）

❿ 《以赛亚书》四十三章 2 节（英文 NLT 版，译者直译）

⓫ 《马太福音》二十章 32 节；《马可福音》十章 36 节，51 节（和合本）

⑫ 《哥林多前书》十一章 24 节（现代中文译本）

⑬ 《罗马书》八章 31 节（英文 NIV 版，译者直译）

⑭ 《耶利米书》二十九章 11 节（现代中文译本）

⑮ 《约翰一书》四章 18 节（新译本）

⑯ 《约翰福音》三章 17 节（和合本）

第三章

拯救的时刻

A TIME FOR SALVATION

时机成熟，上帝就差遣了自己的儿子，为女子所生，活在法律下。

《加拉太书》四章 4 节（现代中文译本）

许多年前一个炎热的夏天，我坐在车里等我太太凯从商店里出来。我的女儿艾美当时才三岁，坐在被牢牢以安全带系住的婴儿座位上。艾美因为被困在炙热的座位上懊恼不堪，于是将她的头伸出车窗外大嚷着说："上帝啊，拜托！让我出去吧！"她这是在呼求一位**救主**。

由于我的女儿无法自己挣脱，她需要比她更大、更有力的人把她从那令人恼恨的景况中拯救出来。你是否也曾有过同样的感觉？我们都有过，或许今年的圣诞节你正是这种感觉。你觉得想要大叫："上帝啊！求你让我脱离这里吧！"

圣诞的第二个目的是拯救！拯救一般被定义为从罪、自我或地狱里面被释放出来。拯救的确包括了这些，但却涵盖更广。我们不仅只是**从**某些坏的事物里被拯救出来，我们同时是**为**某些美好事物而被拯救。《圣经》说："我们原是上帝所作成的，是在基督耶稣里创造的，为的是要我们行各样的善事，就是上帝预先所安排的。"**⑰**

上帝对你的人生有一个伟大的目标和一个美好的计划。拯救的意思也包括上帝给予你自由与力量来实现你的人生目标。

宣布这份救恩是给世上每一个接受的人，是天使在史上第一个圣诞节时，给伯利恒牧羊人的好消息里的第二个宣告：

"因为今天……为你们生了救主，就是主基督。"

《路加福音》二章 11 节（和合本）

请注意这个拯救者是**你们的**！他是为你的好处而来的，耶稣是**个人**的救主。这是什么意思？当有人说"耶稣基督是我个人的救主"，或当有人问"你得救了吗？"他们到底指的是什么？

可能你从未曾想过自己需要一位救主或被拯救出来。在我做的圣诞节采购人群调查当中，我问道："你需要从什么事物当中被拯救出来？"我得到的答案林林总总。

◇ "从焦虑当中。"

◇ "从汽油钱与债务中。"

◇ "从伤害过我的人中。"

◇ "从我的愤怒中。"

◇ "从我的过去——我似乎无法放下过去。"

◇ "从我的坏习惯当中。"

◇ "从我自己。"

当人们想到属灵上的拯救，往往会有一种很狭隘的观念：大家往往以为，拯救就是指从地狱的火中被救出来。但是上帝差遣耶稣成为我们的救主时，他的想法比帮我们"保火险"这种概念要来得宽广多了。上帝的这份礼物——真实的救赎，是三度空间的自由、目的与生命，包括你的过去、现在与将来。

耶稣将你从某些事物中拯救出来

耶稣为某些事物拯救你

耶稣借某些事物拯救你

耶稣来，为要将你从罪与自我当中拯救出来

让我单刀直入吧：**你**就是你大部分问题的根源。即使是其他人引起的问题，你的反应往往使情况变得更糟。你绊倒你自己，远比你了解或你愿意承认的多得多。如果你诚实面对你自己，你会承认你有无法破除的恶习、不想要有的思想、不喜欢的情绪、无法隐藏的不安与害怕、无法放开的遗憾与悔恨，或者说了一些但愿自己没有说过的话。坦白说，你的问题就是**你**。要改变，必须从你的心开始。

我们生来都有"我"的问题。我们天生自我中心，只要问任何养过小孩的父母，就知道自私是不必教的，自然就会了。如果人天生不自私，地上就不会有任何冲突、离婚、虐待、贪心、

犯罪、闲话或战争等问题了。

我们天生的倾向，就是要照我们的方式而不愿照上帝的方式。这种宁愿做错误抉择而不愿做正确抉择的倾向，就叫做**罪**。英文里面罪（sin）的中间字母是一个"I"，就是"我"的意思。任何时候，当"我"摆在我生命的中心时，我便犯罪。任何拒绝将上帝放在我生命中的首位的态度或行动便是罪。

罪是我们最大的问题，是宇宙性的问题。你和我每天都在犯罪——我们的言语、思想与行为。《圣经》说："世上没有人能够时时行善而从来没有犯过错误。"[18] 没有人是完美、每次挥棒都击中目标的，没有人的纪录是完美的。上帝说："因为人人都犯罪，亏欠了上帝的荣耀。"[19] 我连自己那不完全的标准都达不到，更遑论达到上帝那完美的标准！这不是一个受欢迎的观念，而且也不是什么新的观念。除非你完全否认，你心知自己一直都在做错误的决定。《圣经》说："如果我们说自己没有罪，便是欺骗自己，真理就跟我们没有关系……如果我们说自己没有犯过罪，我们等于把上帝当作撒谎者，他的道就跟我们没有关系。"[20] 我旅行全球，接触过千百万人，却还未遇见过任何一个人声称他自己是完美的。从没有人是无罪的。

更糟糕的是，罪是由习惯累积形成的。我们越是犯了错，就越容易再犯。你如果曾经尝试去打破一个恶习、维持某个饮食规定、实行某个新年志向，或是靠着你的意志力来改变你的生活型态，你就会知道这有多么令人气馁挫败。你可以了解使徒保罗写下这段话时的挫折感："我对自己竟一点也不了解；因为我实在想要做对的事，我却不能；而我所不愿去做的——我恨恶的，我反而去做。我完全知道我做的是错的，我的内疚心虚证明了我认同我所违背的律法；但我却无法自己。"❷①

我们的行为在自觉与不自觉当中大声叫喊着："我不需要上帝，我要自己掌控自己的人生，我要做自己的上帝，我想我比上帝知道什么才是对我最好的，因此我要做我喜欢的事。"每当你做着自己要做而非上帝告诉你去做的事时，你便是把自己当作上帝。你与上帝的争战，在你心里、身体，以及你的人际关系上制造出巨大的冲突与压力。

这种骄傲的自我意志断绝了我们与上帝的关系，使我们感到与上帝疏离。专注在自己身上，使你感觉上帝离你千百万里远，使你觉得你的祷告好像碰到屋顶又弹回来似的。如果你觉得上帝离你很远，你想是谁移动了？上帝并没有移动。《圣经》说：

"你们的罪孽使你们与上帝隔绝。" [22]

我们与上帝的隔绝是因着我们那顽强的罪，这罪是每一个人在地上问题的根源。对个人来说会引起忧虑、害怕、焦急、混淆、沮丧、冲突、灰心和空虚，使我们采取各种引发罪感、羞耻感、怨怼、悔恨的行为。你本不该过一个与上帝隔绝的生活，因此当你与上帝隔绝时，你感到那股张力，觉得灵里空虚。

从全球范围来看，我们看到罪的后果已在我们四周显现出来：战争、贫穷、不公义、贪腐、偏见、性人口贩卖等种种社会问题；甚至许多疾病也肇因于我们拒绝以上帝的健康标准来生活。谁能救我们？不是政府，也不是学术研究。这些都只能疗治罪的结果和表面征状。任何持久的解决方案都必须从心开始，也只有上帝有办法来改变我们的心。

拯救是自由

拯救的另一个同义词是"自由"。《圣经》说："我在急难中求告上主；上主回答我，释放了我。" ㉓ 耶稣到底使我们从什么当中得释放了呢？

使我们从过去的罪恶感中得释放。罪恶感是我们干犯了上帝与生俱来给我们的良知之后，在心智上付出的代价。我们都知道，若是犯了法就必须受惩罚；当我们干犯了上帝放在宇宙中的道德律时，也需要有人为此付上代价。但是上帝出于他对我们那深刻的爱，差遣耶稣来解决这个问题。"因为罪的代价是死亡；但是上帝所赐白白的恩典是让我们在主基督耶稣的生命里得到永恒的生命。" ㉔

当耶稣死在十字架上时，他已经一概偿清了你过去、现在、将来所犯的过错，多么美好啊！这个就叫做伟大的替换（the Great Exchange），你和我在这个替换当中占了便宜。"上帝使那位圣洁无罪的耶稣基督，代替你我成为有罪的，使我们可以在他里面接受上帝的义。"❷❺

上帝的赦免，威力比你所有的罪与过错的总和更大，能够使你重新有一个干净清洁的人生。这就是自由。即使没有天堂与地狱（但事实上是有的），能够不用再每天背负罪恶的良知，这样的礼物已经太棒了。

使我们从苦毒与怨恨中得释放。无疑地，你过去曾经因为别人说的话或做的事而受到伤害。我们无法掌控别人怎样对待自己，但却能选择怎样回应。怨恨是你情绪的毒瘤，除非你允许耶稣将你从中释放，否则它最终会毁了你的幸福。

使我们从别人的期望中得释放。有多少次你说了或做了你其实并不想要做的事，只是因为要避免别人的不认同？《圣经》说："惧怕人言的，陷入网罗。"❷❻ 总是担心别人怎么看你是一个危险的陷阱。这会夺走你的自信、限制你的潜能、耗尽你的精力，并使你无法成为上帝原本要你成为的人。

解决害怕别人不悦的最佳良方，就是将你的人生建立在上帝对你无条件的爱上面。爱能解放，它建造自信。《圣经》上说："有了爱就没有恐惧；完全的爱驱除一切的恐惧。所以，那有恐惧的就没有完全的爱，因为恐惧和惩罚是相关连的。" **❷**

无论你这一生做了什么，一定会有人不喜欢你。光越亮就越吸引虫子。当《标竿人生》越为人所知，我便成为一些想要恶意攻击、扭曲我的人卑劣论断的对象。我试着专心扶持当时正与癌症奋战的妻子凯，但攻击实在令人丧志。那段经历当中，上帝常常轻轻地提醒我他对我的爱，以此来鼓励我。有一个周末，伦敦著名的牧师兼作家斯托得（John Stott）与我一起在马鞍峰教会讲道。斯托得是一位属灵的巨人，也一直是我的挚友与导师。讲完道后，我们有一段安静的谈话，斯托得要我为他的经典畅销书《真理的寻索》（*Basic Christianity*）写序。他竟然愿意公然与我连结，这使我感到不配。有好几个礼拜，当我想起：**在全世界他认识并且尊敬的无数人当中，斯托得竟选择了我！**他，以及其他一些我所尊敬的杰出人物对我的爱，带给我自信，使我能够无视那些不喜欢我的人。

从别人而来的肯定令人鼓舞，但如果能深深感到被上帝所爱、所选择，就更美好了！《圣经》说："早在创造世界以前，他已经为基督的缘故，选中我们，要使我们在他眼中成为圣洁、无瑕无疵的人。"❷ 你知道吗？在这个世界被造以前，上帝便爱你了。《圣经》里常常以上帝**拣选**你、**呼召**你或**选择**你来表示他无条件的爱，你是他的决定。

我们都曾经历过被拒绝，并在心里带着伤痕。无疑地，你记得人生里那些痛苦的时刻。或许你记得在学校里曾经被那些较受欢迎的小孩捉弄取笑；或者你曾经是最后一个被选入队的小孩；可能你的父母讲过一些伤害你的话；或者朋友或配偶曾经离弃你；你可能费了好几年的功夫，想要试着赢得某位无法讨好的人的认同肯定。请记得：如果你到现在还是未能赢得他们的认同，你大概不太可能赢得他们的认同。好消息是，你不需要非得有每个人的认同才会幸福！

为了从别人的认同之下得到释放，你必须专注在你对上帝有多重要，以及他对你无条件的爱上面。这里是《圣经》里帮助你专注的一些宣告："这样奇妙的事，我们还可以说什么呢？上帝若帮助我们，谁能与我们对抗？"❷ "谁能指控上帝拣选的人呢？上帝已经称他们为义了。"❸ "即使我的父母离弃我，上主也会紧紧保抱我。"❸

许多人对于自我的身份认同，是取决于周遭的人对他们的评断与意见。那样做只会使人更没有安全感。你要从上帝那里找到你真正的身份，而不是根据别人怎么说你。教宗本笃十六世那本满有智慧的《拿撒勒的耶稣》一书里这样说："一个人只有在上帝的光照中了解他自己时，才真正认识自己。也只有当他在别人里面看到上帝的奥秘时，才能认识别人。" **㉜**

　　使我们从耽溺成瘾的习惯中得释放。你现在大概已经领会到，立志行善或新年新希望都不足以打破毁坏自我的生活模式与习性。你曾经尝试改变，但无可避免地又回到老样子。老是绕着一样的循环——最好的意图、失败，然后是良心自责，你越来越觉得陷入圈套，没有指望。你需要一种比你更伟大的能力。你需要一位救主。耶稣说：*"要是我释放你们得自由，你们就真的自由了！"* **㉝**

　　上帝从来没有想要让你以自己的能力过一生。他**要**你信赖他、倚靠他。那就是为什么他允许你的人生有无法自己解决的难题。事实上，甚至早在你知道那是个难题之前，他便已经有了解决方案。他一直都在等着你停止挣扎，开始信靠他。

　　使我们从惧怕死亡中得释放。对于你的信念，最严峻的考验不是你在结婚、生产或毕业时表现如何。在事情顺利的时候，你很相信你要信的；但是当人生的情绪风暴击倒你的美梦时，

当关系地震震碎你的人际关系时，当财务火灾将你的资产烧成灰烬时，当肉体的疼痛撕裂你的身体时，当无可避免的死亡临到你所爱的人，留下你一人孤单失落时，那个时候是什么能扶持你、加添你力量？面对每个人都知道无法避免的事，却选择否认、拒绝并毫无准备地活着，是愚昧的。

　　身为牧师，我参加过无数次的丧礼，因此我非常清楚，人们面对死亡的态度，因着耶稣与个人的关系，差别有多大。常常在坟墓旁，我注视着那些对于天堂没有确据或盼望的人的眼睛，我可以感受到他们心里的害怕与绝望。认识耶稣，会让你在面对死亡时完全不一样。

　　你若接受耶稣在十字架上为你所做的，你永恒的命运就会有保障，你也不再惧怕死亡。《圣经》说："因为众儿女都是有血有肉的人，所以他也同样取了血肉之躯，为要亲身经历死亡，借此摧毁那掌握死权的魔鬼；并解放那些惧怕死亡、一生活在死亡的阴影之下、像奴隶一样过活的人。"㉞

耶稣拯救你是为了一个目的

我们每个人总会在人生的某些时刻，挣扎于三个人生的基本问题。第一个问题是有关存在：我为什么活着？第二个问题是有关人生意义：我的人生有意义吗？第三个问题是有关目的：我人生的目的是什么？

上帝从未曾创造任何东西而不赋予其目的。你既然活着，便可以确定上帝对你的人生有一个目的。《圣经》说："**早在他立下世界的根基以前，他便把我们放在心上，选中我们作为他爱的对象。**"**㉟** 但是这里有一个问题：我们每个人都偏离了上帝原本为我们计划的人生目的。如同火车出轨，我们也因着自己的愚顽与罪性的选择而出轨。《圣经》说："**我们**

都像一群迷失的羊，各走自己的路。但我们一切的过犯，上主都使他替我们承当。"**㊱**

虽然上帝创造我们每个人都有一个目的，我们却都在人生的道路上走了许多迂回曲折的弯路，还自以为懂得更多。因此上帝差遣了耶稣作我们的救主——为要将我们从罪中赎出来，重新设定我们的人生方向，并使我们的人生恢复到他本来对我们的心意。我们不只是从邪恶当中被拯救；我们乃是为了美善之事被拯救！"耶稣为我们死，为要使那些活着的人——借着他接受永生的人——不再为自己活，只讨自己的欢喜，而是为那位替他们死而复活的基督活，并且讨他的欢心。"**㊲**

过去 30 多年来，《使徒行传》十三章 36 节成为我的人生座右铭："大卫在他自己的世代里，遵行了上帝的旨意，就死了。"这一句"遵行了上帝的旨意"，是度过美好人生的最顶尖定义。你使用你的人生，在一个有时间性、暂时的（你的世代里）状况中成就了没有时间限制、永恒的事情（上帝的旨意）。你在一个不断改变的情境中（这个世界）去服事那永不改变的（上帝的话语）。这就是所谓的"标竿人生"——过一个**目标导向**的人生。再没有比这更了不起、更有成就感的人生历险，也没有比这更好的方法，能够让你的人生留下持久的遗产。

想像那句话刻在你的墓志铭上。我的祷告是，在你离开人世的时候，别人能够那样地来谈论你——你在你的世代遵行了上帝的旨意。再没有比这更好、更成功的定义了。

上帝创造你、塑造你、赐下恩赐给你、呼召你，并且因着他的旨意来拯救你。就是因为如此，《圣经》上这么说："……将自己奉献给上帝，全部都献上，因为你已经是从死里复活的人了，你要成为上帝手中的工具，为了他美好的目的来使用。"❸ 再没有任何事情，比被上帝使用来完成一个伟大的目的更令人兴奋了。那是你心灵深处最渴望的，没有任何经验可以取代。这正是你被造的原因。

在《标竿人生》这本书里，我解释每个人都活在三个层次之一：生存、成功或有意义。世界上大部分的人活在生存的阶段，全世界 60 亿人口，有一半一天靠不到 2 美元在生活；有超过 10 亿人一天靠不到 1 块钱过日子。这就是生存的阶段。

如果你生活在美国，你可算生活在成功的阶段，即使你自觉贫穷。这个世界大部分的人还希望有我们的这些问题呢！但是成功不会使人满足，你可以在生活中拥有许多，却仍然没有任何可以为之而生的目的。

你被造不仅仅只是要成功，你是为了更重大的意义而被造的。但你绝不可能在财物、肉体的享乐和名声地位中找到人生的意义。人生的意义来自服务——将你的人生奉献给一个比你伟大的目的。耶稣说："因为那想救自己生命的，反要丧失生命；那为我和福音丧失生命的，反要得到生命。"

　　当你终于开始实现上帝造你、耶稣救你的目的时，你就会了解到："是的，这就是我安身立命之所！这正是我活着的原因，也就是我之所以会成为我，我存在的理由。"所有这世界的成功都无法给你这样的满足，你的心里永远感到空洞，因为你被造是为了去认识、去爱、去信靠、去服事上帝。

　　容我问你一个非常尖锐的问题：既然知道没有任何一件你试过的事情可以完全满足你灵魂里的渴求，你还在拖延什么？为什么不接受耶稣作你的救主？你的过去将得着赦免，你将获得一个为之而活的目的，你会有一个在天上的家。没有任何人能提供你这些，除了上帝。

耶稣以他的恩典来拯救你

原则上，人生的每一个领域，无论是学校、运动、工作，我们都以表现出的成绩而受评判。美国的工作伦理是建立在努力、汗水、竞争和辛劳上面。成长过程中，美国人被教导天下没有白吃的午餐；你付出什么就得什么；要成为什么，全在乎自己；要有成就，就要靠自己；天助人助！

因此当论到属灵的事情时，许多人便以为上帝与我们的关系，也是要看我们的表现。你可能觉得你必须去赢得上帝的赞许、去配得上帝的爱，并且靠自己的努力行善或做到十全十美。如果你是这样想的，那么我有好消息要告诉你：完全不是这么回事！关于你要怎么做才能得救，《圣经》说："他们就问：'我们该做什么才算是做上帝的工作呢？'耶稣回答：'信他所差来的那一位，这就是上帝要你们做的工作。'" ❹ 得救无关乎个人努力，而是信靠上帝。不是去证明你配得，而是心知自己不配得，然后只要靠着信心去接受。

恩典这个观念，相对于一般人对上帝的普遍误解，显得陌生而又对立，因此当《圣经》谈到，得救是靠着上帝的恩典而白白得来的礼物，很多人只以空洞的神情来回应，因为完全无法想像。我们实在很习惯于接受有条件的爱（**"如果你……我就会爱你"**或**"我爱你，因为……"**），以至于恩典变成一个很陌生、令人不舒服的观念。

宗教是人尝试取悦上帝，恩典则是上帝主动就近人。每一个宗教最后都归结到一个字："做！"做完清单上这一长串事情，你就能赢得神的爱。每一个宗教都有它特定的工作清单。你若比较这些清单，会发现它们多半彼此抵触。但所有的宗教最重要的观念是，你必须去做、去奋斗，努力讨神喜欢。

因此上帝借着耶稣来到世上，是要告诉我们："你们全都搞错了！行善固然很重要，但却不会让我因此多爱或少爱你。我对你的爱是无限的、无条件的、不改变的，也是你不配得的。让我教导你一个新观念，叫做恩典。你无法用买的或靠做工、

行善积德去换取。这是一份花费重价的礼物，但却是白白给你的。每一件我所为你做的、向着你做的、在你里面做的、借着你做的——每一个你生命里的祝福——都是我恩典的礼物。我这样做，全是为了你。"

宗教立基于"做"(do) 这个字，拯救却立基于"完成"(done)。当耶稣在十字架上为你死时，他喊着说："成了！" ❹ 这一点极其重要，注意耶稣没有说："我完了！"因为他并非完了，他还有许多事要成就。三天以后，他从死里复活，行走在耶路撒冷各处 40 天之久。在他升天以前，曾经与个人和人群相遇，最多的一次有 500 人。

那么何谓"成了"？指的是你得救的赎价！"成了"是耶稣喊出来的一个单字，是印在付清的账单上与服满刑期的证件上的字。意思是："付清！"宗教告诉我们去"做！"耶稣说："完成了！"他已经替你的得救付清了赎价。

多年前有一个人问我："我必须做什么才能上天堂？"我的回答把他吓一跳："你太迟了。"他完全没料到会得到这样的回答，因此焦虑地反问我："你说太迟了是什么意思？"我说："需要为你做的，早在两千年前耶稣就做完了。你现在要做的，就是接受他所为你做的！没有什么你能做的了。恩典之外没有别的了。"

　　《圣经》说："你们是靠上帝的恩典、凭信心而得救的；这不是出于你们自己的行为，而是上帝的恩赐。既然不是靠行为，你们就没有什么好夸口的。"㊷请注意，从上帝而来的圣诞礼物，是**凭着**信心、**借着**恩典而来的。

借着恩典

什么是恩典？恩典是上帝以行动来表现他的爱。恩典是上帝白白地赐下你所需要、却又不配得、也永远不可能偿还的。恩典是上帝甚至在你知道那是个问题以前，就为你解决了你最大的问题。恩典是当上帝看着你的错误、失败与惧怕之时，他所呈现的脸。恩典就是**上帝以基督为代价而带来的富足**（God's Riches At Christ's Expense）。

上帝说：我知道你没能达到我那完美的标准。**"因为人人都犯罪，亏欠了上帝的荣耀。"❹** 若充满有罪的、不完美的人，天堂将不再是个完美的地方，我绝无法允许你进入天堂，除非我解决你最大的问题——那个你无法自己解决的问题。你需要蒙赦免，并且彻底地改头换面。因此我的计划是这样的：我要以人的样式来到世上，为了爱牺牲自己，来偿付你所积欠的罪债，以及所造成的损害。《圣经》告诉我们："他赦免了我们一切的过错，又涂抹了我们一切的罪名，更除去你们违犯律法的罪状，把它们和基督一同钉在十字架上。"❹

如果耶稣不曾为我们死在十字架上，并在三天后的主日早晨复活，证明他是神，那么圣诞就没有任何意义。"他为我们的罪作了赎罪祭，不仅为我们的罪，也为全人类的罪。"❺透过死来拯救你，耶稣以此付了你的罪债，偿清了你因罪所造成的损害，将你从恶者奴隶的身份挽回过来，以他自己来代替你承受你本该受的刑罚。这个，朋友，就是当人们唱《奇异恩典》（Amazing Grace）时歌词所指的。

你可能很荣幸地感觉被别人爱着，抑或在今年的圣诞节，你完全感受不到爱。无论如何，你需要知道：绝不会有任何人像耶稣爱你这么完全又深刻。他为你而死，就证明了这一点："不是我们爱上帝，而是上帝爱我们，差遣他的儿子为我们的罪作了赎罪祭，这就是爱了。"❻你越是了解耶稣在十字架上所成就的，你就越会明白生命到底是怎么回事。

你知道传统上圣诞节送礼物是怎么开始的吗？是因为上帝

在第一个圣诞节首先送了这最大的礼物——他的儿子："感谢上帝，他的恩赐难以形容。"**47**

　　这个世界上充满了懊恼沮丧的人，他们不知道自己在寻找什么，即使知道，也不晓得该到哪里去寻找。他们只知道缺了什么，他们的生命里就是不完全。那是一种不断啃噬的感觉，觉得人生绝不仅是工作直到退休。或许你曾尝试在地位、性爱、薪水、安全感或成功等方面寻找成就感却寻不得。你所缺少的——你**真正**需要的——是得救。你被神所造，也为神而造，在你了解这一点之前，人生没有意义。

　　你可能在错误的地方寻找救主：如果我能找到一个对的男人或女人，那么就万事如意了。如果我有某份工作、得到升迁、生个小孩，或者达到某个层次的财富，那么我就能感到平安又有成就感。如果我能得到一个好身材、有魅力、拥有某些东西或甚至逃到塔希提岛（Tahiti），那么我的空虚感就能被填满。

　　答案不是某个地方、某个程式或药丸。答案是一个人，就是耶稣。你所缺乏的就是建立一份与创造你的那一位的关系，让他来爱你。"当你越认识他，他便借着他的权能赐给你过一个真正美好的人生所需的一切：他甚至与我们分享他自己的荣耀和他的美善！"**48**

"因今天在大卫的城里，为你们生了救主，就是主基督。"

《路加福音》二章 11 节（和合本）

凭着信心

上帝还告诉我们："**惟有不做工的，只信称罪人为义的上帝，他的信就算为义。**" ❹ 对于"他的信就算为义"，神学家的名词称为"免罪"（justified）。被上帝免了罪，意即被上帝算作"我从未犯罪"（just-as-if I'd never sinned）！对你的拘捕令已被解除，你的罪状被取消了，所有的记录一笔勾销，罪没有了，罚金已付清。就像一块儿童的复刻画板，你只要摇一摇画板或颠倒过来，就可以抹去一切、重新来过。这也像电脑硬盘一样，可以将资料完全删除，你的罪证与错误便完全被清理干净。这个伟大的赦免到底是怎么发生的？凭着信心。

正如父母深切渴望他们的子女能信赖他们的爱，上帝要我们学习信靠他。《圣经》说："人没有信心，就不能得到上帝的欢心。凡是到上帝面前来的人都必须信上帝的存在，而且信他要报赏寻求他的人。"**㊿** 信心令上帝微笑。你上天堂与否，不在乎你的作为，而在乎你信靠谁。

我在年轻的时候，曾在好几个夏天做过救生员。人在感觉自己溺水时，就会惊慌，手臂总是胡乱挥舞，疯狂抓住任何东西。每一个救生员都知道，如果试着去营救那肾上腺素正高昂、满怀惧怕而想自救的人，那个溺水者很可能会把救生员和自己一同拉下水去。一个有经验的救生员知道，他可能必须离开那人一英尺远，在旁边踩着水，等到溺水者放弃自救，救援就变得很容易了。当溺水者放弃时，他会放松，救生员才能接手救援。这时，救生员只要将他的手臂揽着溺水者，然后游回岸上就行了。溺水者所能做的就是相信救生员。但是一个人除非放弃尝试自救，否则就无法得救。

你是否已经放弃尝试自救？请考虑：如果你可以救自己而不需要救主，上帝就不需要浪费这么大的精力、努力与痛苦去差遣人。如果有任何其他的办法，你难道不认为耶稣应该会选择那个办法，而不是受十字架的痛苦吗？

我完全不知道，当你读到这里时，你正承受着怎样的忧虑与害怕。但是耶稣知道，他也关心；如果你完全信靠他，他可以帮助你，他**会**帮助你。耶稣这样说："*你们心里不要愁烦；要信上帝，也要信我。*" ❺❶

上帝正等着要救你。他要将你**从**罪与自我当中救出来，**为**他的目的来救你，**凭着**信、**借着**他的恩典来救你。但是你必须放松，停止尝试救自己，放手并信靠你的救主来为你完成。

几年前，我到好友彼得·德鲁克（Peter Drucker）的家拜访他。彼得是一位真正富有文艺复兴精神、杰出多才的人物，被称为"现代管理学之父"，是 20 世纪最具才华的思想家之一。我问彼得："你为何决定要接受基督作你的救主？"他想了几秒钟后回答说："在我终于了解恩典的那一天，我知道绝不会得到比这更划算的交易了。"

当耶稣在十字架上为我们付上罪的代价，那些怀疑论者站在一旁辱骂嘲弄他，说："*你若真是上帝的儿子，就从十字架上下来救你自己吧！*" ❺❷当然，耶稣置之不理，因为这不是他来到世上的目的。他来不是为要救他**自己**，他来乃是为了要救你。

接受耶稣会让你失去什么？你会失去罪恶感、不安全感、缺乏目的、害怕死亡、绝望、焦虑、羞愧、无力感，以及其他许多当你试着没有上帝的引导而过日子时所背负的包袱。谁会拒绝像这样的邀请呢？然而，上帝还是给你选择的自由。你可以决定继续过着自我中心的生活，与上帝隔绝；抑或回转过来，选择将你的心思意念从你自己的道路上转向跟随耶稣（这就叫做**悔改**）。然后，求他赦免你所有的罪，信靠上帝的儿子耶稣和他为你所做的一切！

注释:

---

❼ 《以弗所书》二章 10 节（新译本）

⓲ 《传道书》七章 20 节（现代中文译本）

⓳ 《罗马书》三章 23 节（现代中文译本）

⓴ 《约翰一书》一章 8-10 节（现代中文译本）

㉑ 《罗马书》七章 15-17 节（英文 TLB 版，译者直译）

㉒ 《以赛亚书》五十九章 2 节（和合本）

㉓ 《诗篇》一一八篇 5 节（现代中文译本）

㉔ 《罗马书》六章 23 节（现代中文译本）

㉕ 《哥林多后书》五章 21 节（当代圣经）

㉖ 《箴言》二十九章 25 节（英文信息版，译者部分直译）

㉗ 《约翰一书》四章 18 节（现代中文译本）

㉘ 《以弗所书》一章 4 节（当代圣经）

❷❾ 《罗马书》八章 31 节（当代圣经）

❸⓿ 《罗马书》八章 33 节（当代圣经）

❸❶ 《诗篇》二十七篇 10 节（英文 NLT 版，译者直译）

❸❷ 教宗本笃十六世：《拿撒勒的耶稣》（*Jesus of Nazareth*），第 282 页。

❸❸ 《约翰福音》八章 36 节（英文 TEV 版，译者直译）

❸❹ 《希伯来书》二章 14-15 节（当代圣经）

❸❺ 《以弗所书》一章 4 节（英文信息版，译者直译）

❸❻ 《以赛亚书》五十三章 6 节（现代中文译本）

❸❼ 《哥林多后书》五章 15 节（英文 TLB 版，译者直译）

❸❽ 《罗马书》六章 13 节（英文 TLB 版，译者直译）

❸❾ 《马可福音》八章 35 节（现代中文译本）

❹⓿ 《约翰福音》六章 28-29 节（现代中文译本）

❹❶ 《约翰福音》十九章 30 节（和合本）

❹❷ 《以弗所书》二章 8-9 节（现代中文译本）

❹❸ 《罗马书》三章 23 节（现代中文译本）

❹❹ 《歌罗西书》二章 14 节（当代圣经）

❹❺ 《约翰一书》二章 2 节（新译本）

❹❻ 《约翰一书》四章 10 节（新译本）

❹❼ 《哥林多后书》九章 15 节（新译本）

❹❽ 《彼得后书》一章 3 节（英文 TLB 版，译者直译）

❹❾ 《罗马书》四章 5 节（和合本）

❺⓿ 《希伯来书》十一章 6 节（现代中文译本）

❺❶ 《约翰福音》十四章 1 节（现代中文译本）

❺❷ 《马可福音》十五章 29-30 节（译者从内文直译）

第四章

和好的时刻
A TIME FOR RECONCILIATION

现在我们可以为着我们与上帝这美好的新关系欢喜快乐，
这一切全都是我们的主耶稣基督所成就的。

《罗马书》五章 11 节（英文 TLB 版直译）

　　这个世界大部分的历史是冲突史。过去的 5560 年里，有将近 15000 个战争，而这只是我们知道的而已。在我提笔的同时，世界上有 32 个大小战争正在进行当中。我们人类对于彼此和平相处似乎并不怎么在行，反而对争执、斗狠、仇恨更在行些。100 年前流行的思想观念相信，只要我们能教育这个世界，那么所有的战争就会消失。但是在全球教育水准最高的那些国家发生了两次大战后，这种天真的乐观主义已经消失无踪了。心如果没有经过蜕变，教育只会令我们想出更精密复杂的办法来彼此杀戮。在监牢里，有许多非常聪明的人。一个受过教育的心志并不会自动产生和平的心，这个世界迫切需要的是**和好**。

　　和好是恢复和睦。与上帝和睦、与别人和睦，并且有平安在你自己的心里。对于破碎的心与关系，这是非常强有力的奇迹医治。和好能解除冲突，将混乱变成平静。和好能止息纷争，以从上帝而来的安祥取代你的重担，将紧张变成安息，并能创造出心里的平安来取代慌乱或压力。但现今，和好的精神似乎非常短缺。幸好——

圣诞的第三个目的是和好！ 对于伯利恒的牧羊人，天使的第三个宣告是："*和平之君*"**㊾** 的来临。耶稣不仅教导达致平安的方法，如果我们信靠他的话，他还授权给我们去过一个平安的人生。

"在至高之处荣耀归与上帝！在地上平安喜悦归与人！"

《路加福音》二章 14 节

去年我在国际间飞行了大约 75000 英里。我在每一个拜访的国家都亲眼目睹过冲突的问题；无论是落后的乡下或高科技的国际都市都一样。经济富裕与否似乎对此没有差别。在某一方面来说，科技正是文化两极化的帮凶。电脑网络使数以百万计的小群体得以形成，同样特质的分类越分越细。

媒体又总是不断渲染我们的歧异处来制造娱乐故事，文化已然失去了文明。粗鄙取代亲切温良的情形越来越普遍。我在旅程当中观察了每一个你能想像得到的冲突型态——族群之间、国家之间、语言之间、宗教之间、政党种族之间、贫富之间。此外，身为牧师的我，经常在我的社区处理人际间的冲突——婚姻、家庭、职场、街坊邻居、小联盟和教会会友之间。回到家，如同所有其他的家庭一样，有时也会有大争执。

所有这些冲突的可悲结果是，这个世界仿佛垃圾场般的被倒满了分裂的家庭、受伤的小孩、被弃的友谊，以及遭到破坏的伙伴关系的碎屑。在我对圣诞购物人群所做的调查中，我问购物者："圣诞节你想要在哪里看到和平？"我听到的是：

◇ "我盼望在我的父母、前妻（夫）、我的小孩当中有和平。"

◇ "我希望电视上的政治唇枪舌战能止息。"

◇ "我需要内心的平安。"

◇ "一个和睦的世界。不再对伊斯兰教徒怀有偏见。"

◇ "如果人们能和睦一点，或许就不会那么粗鄙凶暴。"

◇ "坦白说，如果无法找到和平相处之道，我的婚姻很快就会完蛋了。"

◇ "我要我爸爸跟妈妈在一起。"

◇ "我希望到处都有和平。"

在这世上和平是可能的吗？还是这只是一种幻想呢？在当前的文化将我们调适成为喜好嘲讽讥笑、压制轻视别人、贬损或丑化那些不同信仰者的同时，这样的文明 —— "喜悦归与人"——可能吗？

能有和平在你的生命里，起始点在于了解冲突的原因。原因有许多，但有两个最大的原因：第一是我们天生的自我中心，当我想要事事随从自己的意愿，你也想要事事随从你的意愿，那么我的行事便会与你的行事抵触。如果我们两个人都不愿意为了爱的缘故妥协，就可能会擦枪走火了。在人与人的关系上，这样的戏码每天要上演几百万次。即使你爱对方，也不见得你们凡事一致。凯和我在我们的蜜月旅行时便学到了这一点！因此我们两个人在新婚之际，一起背诵的经文是《箴言》十三章10节："傲慢引起争端。" ❺❹ 我们需要很多这样的经文。

第二个普遍但较不为人了解的冲突原因是，期望别人满足我们生命里面只有上帝才能满足的需求。我们本应该转向上帝，却反而去求别人。许多人抱着不合理的期待结婚，结果以离婚

收场。没有任何人可以满足你所有的需求。那是上帝的工作。

与其为你那些没有被满足的需求抱怨责怪别人，《圣经》建议你求告上帝。《圣经》说："你们当中的冲突争吵是哪里来的呢？是从你们当中争战着的欲望来的！你们要抓要取，得不到就杀人；你们要贪要婪，得不到手就争就斗。你们得不到所要的，是因为你们没有向上帝求。"**⑤⑤** 如果你的祷告跟你的抱怨、争吵一样多，你计较的事情就会少得多，心中会平安得多。

多年前有位朋友邀我与他一起参加一个压力管理研习会。其中，讲员对解除压力的一个建议是："将你的压力告诉一位无条件的聆听者，"然后他又很快地补充说，"最好的办法，就是告诉你的宠物。"我坐在那里感到十分不可思议——真有人会听从这个建议，然后去跟他的宠物仓鼠谈心吗？宠物很好，但是它们无法帮助你解决压力的根源，也就是你生活中的冲突。

使徒保罗有一个更好的方案："你们应该一无挂虑；要在祷告中把你们所需要的告诉上帝，用感谢的心祈求。上帝所赐那超越人所能理解的平安，会借着基督耶稣，保守你们的心怀意念。"**⑤⑥**

事实是，除非所有的国家都和平，世上永远不会和平；除非我们的社区都和平，国家永远不会和平；除非我们的家庭都和平，社区永远不会和平；除非我们个人的生命有平安，否则家庭永远不会和平。除非那和平之君掌管我们的心，否则这事不会发生。在圣诞节，耶稣来是要带给我们三种和平：

与上帝和好

在上帝里的平安

与人和睦

耶稣愿意帮助你与上帝和好

你可能从来都不知道，你若是以自己的方式而非上帝的方式去过你的人生，就是与上帝相抵触。他创造你是为了他的目的，而你却过着违抗上帝的生活。《圣经》上说，这是一个普世性的问题："我们都像一群迷失的羊，各走自己的路。但我们一切的过犯，上主都使他替我们承当。"❺❼ 我们自己选择不顺从上帝要我们做的——这就是与上帝无言的搏斗——引起我们心理上的压力与身体上的疲乏。

与上帝搏斗的现象很容易辨识：易被激怒、易发脾气、没有安全感、不耐烦、操纵、傲慢、自夸、埋藏怨恨，以及许多《圣经》称之为"肉体的工作"的态度与习惯。信息版的《圣经》这样说：

"显而易见地，偏行己路会产生什么样的生命：一再重犯、没有爱、廉价的性、一堆来自心志与情绪发出臭味的垃圾、追求快乐、狂暴又毫无喜乐的攫取……凶残地竞争、没完没了的消耗却永不能满足的欲望、粗暴的性情、无力去爱或被爱、分裂的家庭、分裂的人生……将每个人都非人化地转成敌对的恶劣习性、无法控制的沉溺瘾头。"❺❽相对地，与上帝和好——与他和睦相处——的果效，便是拥有那些你想要的生命特质。《圣经》称之为"圣灵的果子"："当圣灵管理我们的生命，便会在我们里面产生这些果子：爱、喜乐、和平、忍耐、恩慈、良善、信实、温柔、自我节制。"❺❾

请教过许多人之后，我发现在我们每个人内心里，都有一种想要与我们亲生父亲有和睦关系的渴望。这种想要连结的渴望是与生俱来的。即使你的父亲对你不闻不问、遗弃你甚或虐待你，如果那个连结断了，你就有一种失落感。我们想要改变这种关系、想要和好。人们做尽各种愚昧的事，就是想要尝试得到父母的肯定，这是一种很深刻的需求。

但是一种更深的潜在需要，便是与你的创造者、你天上的父亲和好并重新建立关系。人们常常告诉我，他们感觉生命里面有一种无力感，却又不知道自己到底在寻找什么。他们说"好

"我报给你们大喜的信息，是关乎万民的。"

《路加福音》二章 10 节（和合本）

像缺了什么"或"生命应该不仅止于此"。因此他们尝试各种办法——活动、成就、药物、事务——想要填补他们内心的那个空缺。其实他们需要的就是与上帝和好；再没有任何东西能够补救与上帝之间破裂的关系。

圣诞的好消息就是，耶稣来成为你与上帝和好之间的桥梁。《圣经》说："**上帝借着基督与人类建立和好的关系。他不追究他们的过犯……**"❻ 还说："**我们原是上帝的仇敌，但是借着他儿子的死叫我们得以跟他和好。既然跟他和好，我们岂不更借着基督的生命而得拯救吗？**"❻

你这个不完美的人，要如何能与完美的上帝和好呢？没错，与上帝和好并不能靠妥协、讨价还价或谈判。和平来自于投降——完全地、无条件地降服于上帝。你承认上帝就是上帝，而你不是上帝；你要放弃那种自以为比你的创造者更知道什么是对你最好的、怎样才能让你更幸福快乐的可笑见解；你要放弃自以为能选择哪一条上帝的规则你要遵守，哪一条你可以忽视的那种叛逆的态度。

你为什么必须降服于上帝？有一个显而易见的事实：在与上帝对抗的争战中，你绝对没有胜算。就如1980年代的百老汇舞台剧所指出的："你的膀臂太短了，框不住上帝！"正如约

伯的朋友所说的："不要再与上帝争吵！如果你顺服他，最终会有平安，一切就会顺利。"❷

耶稣愿意赐你在上帝里的平安

你一旦与上帝和好，就会开始经验上帝在你心灵里的平安。你越祷告，就越不惊慌；你越敬拜他，就越不挂虑；你会感到更有耐性，不再觉得压力很大。《圣经》应许我们："坚心倚赖你的，你必保守他十分平安，因为他倚靠你。" ❻❸

是什么夺取了你的平安？大部分的原因不出于这三种：无法控制的环境因素（疾病、死亡、裁员），无法改变的人（不肯被你改变），以及无法解释的问题（当生命显得相当不公平）。人们对于这些夺取平安的原因的回应方式，不少于这三种：尝试更努力地去控制每件事物，却保证绝对会失败；以一种认命的态度放弃，任由环境摆布；或借着圣灵赋予的能力，以耶稣的方式来回应情况。

你可能曾听过神学家尼布尔 (Reinhold Niebuhr) 这个平静安稳的祷告 (英文通称 "the Serenity Prayer"), 但你可能未曾读过全文。前面三分之一的祷词常被引用并写在海报上, 但是若要经历他前面提及的平静安稳, 你就必须跟随他在其后祷文所提及的步骤:

上帝, 恳求赐给我平静安稳,

去接受我所不能改变的,

有勇气去改变我所能改变的,

有智慧去辨别两者的不同。

每天认真地生活;

享受生活里的每一刻;

接受生活中的艰辛是通往平安之路;

如同他所做的, 接受这个世界本是罪恶的事实,

而非我所要的样子;

信靠他能将一切改变为美好;

只要我降服在他的旨意之下;

我或能适度地过一个快乐的人生，

且极其幸福地与他在一起，一直到永远。

通往上帝的平安之路来自于认真地、享受地度过每一天每一刻，接受无法改变的而不去挂虑，信靠上帝慈爱的看顾与智慧，降服于他对你人生的计划与目的。耶稣这样应许："来吧，所有劳苦、背负重担的人都到我这里来！我要使你们得安息。你们要负起我的轭，跟我学，因为我的心柔和谦卑。这样，你们就可以得到安息。" 64

耶稣要教你如何与人和睦

你一旦与上帝和好，开始经验上帝的平安在你的心里，上帝要你也去经历与所有人和睦的喜乐。他首先会改变你，成为一个使人和睦的人。他会给你这样的渴望，然后给你才能、力量，去跟你人生里有过冲突的人和好。"这一切都是上帝的作为；他借着基督使我们得以跟上帝和好，又给我们传和好福音的职分。" ❻❺ 当基督进入你的生命，能看到你生命里不同的一个地方，就是你与人的关系。

你要生命与工作事业有上帝的祝福吗？耶稣说："使人和睦的人有福了！因为他们必称为上帝的儿子。" ❻❻ 每一次你试着去恢复一个破裂的关系，你就是在做上帝要做的事。当你帮助彼此疏远的人们恢复关系，你所做的就正如基督所做的。《圣经》称此为"和好的职分"。上帝看着你说："你真是我的好女儿！"或"你真是我的好儿子！"上帝的真儿女是使人和睦的人，而不是制造麻烦的人。

请注意耶稣没有说："爱和平的人有福了！"因为每个人都**爱**和平。他也没有说："和平的人有福了！"因为这样的人从来不曾关涉任何事情。耶稣乃是说："使人和睦的人有福了！"

"使人和睦的人"是什么意思？并不是逃避冲突，不是逃离问题或假装问题不存在。当有人说"我不想谈这个问题"时，这是懦夫的表现，而非使人和睦的表现。当你对冲突事件延迟处理时，只会使事态加剧加深。使人和睦也不是姑息，老是让步或容让别人，任由他们大行其道，这些都是负面消极的做法，而不是使人和睦。耶稣从来没说你必须是别人的垫脚石或失去本色的变色龙。相反的，耶稣从来不让别人定义他。

从事和平工作意即你要积极主动地寻求解决冲突。当关系破裂时，你提议和好，向那些得罪你的人提出饶恕的建议。你将上帝显示给你的恩典同样地传给别人，你将人带在一起而不是将他们分开。"使人和睦的人是栽植和平的种子，将来会收成正直。"❻❼

　　很多人对于恢复紧张的关系很迟疑，因为他们不了解饶恕与信任的不同，或者和好与解决问题的不同。他们担心他们一旦和好，就会重新回到受伤或不健全的关系，没有任何改变。那是对和好的误解。

　　首先，和好与解决问题不一样。和好会终止敌意，但并不是说你就已经解决了关系上的所有问题。你只是把斧头埋起来，却不是把问题埋起来。你继续谈论问题并且继续努力解决问题，但是现在你以一种尊重与爱心，而非讥讽与愤怒来解决问题。你同意彼此可以有不同的意见。和好是专注于关系，解决问题乃专注于问题。要先专注于和好，当你这样做时，问题便开始化小，有时甚至变得无关紧要了。

　　第二，饶恕与信任有很大的区别。饶恕是即时并且不求回报的。像上帝饶恕我们那样，我们也这样对待别人。我们饶恕人，好让我们的人生可以继续前行，而毋须卡在过去的悔恨苦毒当中。我们也要记得耶稣说的："*如果你们不饶恕别人，你们的父也必不饶恕你们的过犯。*"❻ 但是恢复信任是另一回事。饶恕是对过去做出交代，而信任则是有关将来，必须借着时间来赢取。信任可以在瞬间消失，却需要长时间去重建。如果你一直生活在身体被虐待的关系中，上帝期待你饶恕那个

人，好让那苦毒不至于扼杀了你的人生。但是上帝并不期待你继续被虐待。

以下是一些作为使人和睦的人的简单步骤：

◇ 计划一个和好的协商会——采取主动。

◇ 以同理心来了解别人的感觉——聆听表明你很关心。

◇ 抨击问题而不是人——在爱中说诚实话。

◇ 尽可能地合作——找出共通处。

◇ 强调和好而非解决问题。

你是否允许过去伤害你的人继续伤害你？每次当你在脑海中重演所发生的事情时，你就是允许他们继续伤害你。那是很愚蠢的事情。《圣经》说："你的忿怒伤害了你自己。"❻⓽怨恨是一种自我毁灭，因为它伤害最深的就是你自己，并且延长你的痛苦。当那伤害你的人继续过他们的人生时，怨恨却使你卡在过去。你需要放手。

圣诞是"在至高之处荣耀归与上帝！在地上平安喜悦归与人！"的时节，在庆祝上帝给你恩典时，正是给人恩典为礼物最好的时刻。今年的圣诞你需要与谁和好？你可能正想着："我绝不能饶恕那个人，记忆太痛苦、伤害太深了，我无法让它就这么过去。"这就是为什么你需要耶稣成为你的救主。只有当你觉得自己完全被饶恕了，才可能去饶恕那曾经伤害你最深的人。唯有在你被耶稣的爱充满时，你才能放手，并继续过你的人生。

打开你的圣诞礼物

如果你牺牲一切，为我买了一份无价的圣诞礼物，而我却从未花时间打开礼物，你会感觉如何？你一定会很失望、感到受伤，并且对于我无情地拒绝你那慷慨的礼物感到愤怒。而我，如果只是将这个礼物放在角落里不去打开，它对于我也就没有什么价值，对我毫无益处。

许多人这辈子年年庆祝圣诞，却从未打开他们这份最伟大、最珍贵的圣诞礼物。这岂不叫人感到震惊？耶稣基督是上帝给你的圣诞礼物。包藏在耶稣里面的，是这本书提及的一切恩典与祝福——以及更多！在耶稣里，你的过去被饶恕，你得到为之而生的目的，你得到在天上的家。如果你不去打开这份最好的礼物，为何还要庆祝圣诞？

耶稣的名字真正的意思是"**上帝拯救**"。❼ 耶稣正在告诉你："我能以平安替代你心中的烦扰，我能以赦免替换你的罪咎感与羞耻，我能以自信换取你的烦恼与焦虑，我能以希望换取你的抑郁，我能以目的与意义来填满你的空虚。如果你完全信靠我，我会以清晰明澈替换你的混淆不清。但是我不想打破你的心门，你必须邀请我进入。"你愿意这样做吗？

这无关乎你是天主教徒、基督徒、犹太教徒、伊斯兰教徒、佛教徒、印度教徒、摩门教徒或没有任何宗教背景。上帝并没有差遣耶稣来带领我们进入宗教。他来使我们与上帝建立关系成为可能。"**现在，我们在与上帝美好的新关系中欢喜快乐——全因我们主耶稣基督为我们的罪而死所成就的。**"❼

许多年前，我做了一个很简单的委身祷告，这祷告改变了我的人生。我将这个祷告写在下面，我盼望你也能使它变成你向上帝的祷告。但首先我要为你祷告。

我为你的祷告

父啊，当我写下这些文字时，我为每一位会读到它的人祷告。我不知道他们目前面对的景况如何，但是你都知道；你知道他们生命里直到这一刻所有的细节，并且你深爱他们。感谢你创造他们、爱他们、差遣耶稣来成为他们的救主。在他们出生以前，你便已经计划了这一刻，因此我知道你会听到他们即将要祷告的。主啊，感谢你。

现在，我要邀请你将下面的祈祷当作你自己的祷告来读，以此来经验圣诞节的目的。《圣经》说："你是谁、来自何方都没关系，你若要上帝并且准备好要听从他的话，门是开的。"❼ 如果你只有一个人，我非常鼓励你读两次——第一次无声地读，第二次大声地读。

你的圣诞祈祷

亲爱的上帝，谢谢你差遣你的儿子耶稣来，好使我能认识你。谢谢你爱我。谢谢你即使在我还未认识你，你便一直与我同在。我了解我需要一位救主，使我从罪中、从自我、从所有的坏习性和伤害，以及毁了我的人生的耽溺瘾头中得释放。请你赦免我的罪。我要悔改，并以你创造我的原本方式来生活。作我生命的主，借着你的恩典来救我。救我脱离自己的罪，为你的目的来拯救我。我要学着爱你、信靠你、成为你造我的样式。谢谢你造我，并拣选我成为你家中的一分子。现在，凭着信心，我接受你的儿子这份圣诞的礼物。以你的平安与确据充满我，使我能成为一个使人和睦的人，帮助我将这个平安的福音分享给别人。奉你的名祷告，阿们。

当你读这段祷文时，你是否诚恳地将它当作你向上帝的祷告？如果是，恭喜你！欢迎加入上帝的家庭！《圣经》说：任何时候、任何人将生命献给耶稣，"天上也要欢乐"。**73** 如果你刚才凭信心接受上帝恩典的礼物，**就在现在**，天使们正为你在天上举行庆祝会呢！

现在我应该做什么？

你要做的第一件事，是向人们宣布你决定将生命献给基督。如果他们问："那是什么意思？"就把这本书给他们！你或许可以考虑为耶稣开一个庆生会，来分享你的信息。如果你因为读了这本书而委身基督，请你让我知道。如果你没有一个所属的教会家庭，我会帮助你找到一个好的教会家庭。我会寄给你一些资讯，帮助你开始在属灵上成长，并会送你免费的每日灵修的电子邮件。请你将你的故事以电子邮件寄来给我：rick@thepeaceplan.com。

第二步，是去参加一间教导《圣经》的教会。如果你没有《圣经》，他们会告诉你哪里可以找到《圣经》。他们也能帮助你受洗，公开表达你的信仰。如果你寄电子邮件给我，我会尽力介绍你一间在你家附近的好教会。

第三步，是将这个平安的福音分享给别人。将这本书传给朋友，或买来当作圣诞礼物送人！你所能送给任何人的最大礼物，就是介绍福音这个好消息给他们！

最后，找出你可以推动"平安归与地上，良善进入人群"的实际方法。我很乐意寄给你有关全球和平计划（the P.E.A.C.E. Plan）的资讯，这是一个我们已经在发展的计划。这不但是个人的、区域性的，也同时是一个全球的策略，透过它，即使只是平凡人也可以一起改变世界，无论他们身在何处。全球和平计划指的就是——和好（Promote reconciliation）、装备仆人领袖（Equip servant leaders）、协助穷人（Assist the poor）、照顾病人（Care for the sick）并教育下一代（Educate the next generation）。我们需要你，而且你也可以透过成为计划的志愿者或专业人员改变你的人生。

来信询问：rick@the peaceplan.com 或参考以下网站：www.thepeace plan.com。若想洽询"直奔标竿"相关资讯，请参考以下网站：www.saddlebackresources.com。

祝圣诞快乐！

注释:

---

❺ 《以赛亚书》九章 6 节（和合本）

❺ 《箴言》十三章 10 节（和合本）

❺ 《雅各书》四章 1-2 节（现代中文译本）

❺ 《腓立比书》四章 6-7 节（现代中文译本）

❺ 《以赛亚书》五十三章 6 节（现代中文译本）

❺ 《加拉太书》五章 19-21 节（英文信息版，译者直译）

❺ 《加拉太书》五章 22-23 节（英文 NLT 版，译者直译）

⓺ 《哥林多后书》五章 19 节（现代中文译本）

⓺ 《罗马书》五章 10 节（现代中文译本）

⓺ 《约伯记》二十二章 21 节（译者从内文直译）

⓺ 《以赛亚书》二十六章 3 节（和合本）

⓺ 《马太福音》十一章 28-29 节（现代中文译本）

⓺ 《哥林多后书》五章 18 节（现代中文译本）

⓺ 《马太福音》五章 9 节（和合本）

⓺ 《雅各书》三章 18 节（英文 NLT 版，译者直译）

⓺ 《马太福音》六章 15 节（新译本）

⓺ 《约伯记》十八章 4 节（现代中文译本）

⓻ 《马太福音》一章 21 节（和合本）

⓻ 《罗马书》五章 11 节（英文 TLB 版，译者直译）

⓻ 《使徒行传》十章 35 节（英文信息版，译者直译）

⓻ 《路加福音》十五章 7 节（新译本）

附录

我给你的，你怎么用？

华理克牧师于第七届世界华人福音会议的演讲稿

摩西的牧杖

有一天，摩西在旷野看见荆棘在焚烧。《圣经》出埃及记第三、第四章告诉我们，摩西趋前看个究竟时，上帝对他说："*摩西，当把你的鞋脱下来，因为这是圣地。*"❶摩西就脱下鞋子。接着，上帝问了摩西一个非常重要的问题，那是一个人的生命中第二重大的问题。然而，第一重大的问题则是——你们怎样对待耶稣基督？那是关乎救恩的问题，也是《圣经》的首要主题。上帝给摩西的问题是《圣经》第二重要的主题，即关乎管家职分的问题："我给你的，你们怎么用？"——上帝望着摩西问："*你手里的是什么？*"❷

你手里的是什么？上帝从不为自己而问你问题，他永远早知答案。每次上帝问你问题，他是要你知道答案。上帝知道摩西手上有什么，但摩西不知道；一旦当他明白了，就势必改变他的生命。摩西说："主啊，在我手中的是杖，是一根牧杖。"上帝说："我要你将它丢到地上。"而你们都知道这故事，当摩西将杖丢到地上，杖就活过来，变成一条蛇。有些东西就是一直如此这般的待在那里，只是一根木头，却忽然间动了起来，成为活物。上帝说："我要你再拿起它来，它要再次变成一根枯木。"一件原本活的东西，一被拿起便死了？！

这个故事到底要说明什么？**上帝行神迹，从不单单为了炫耀或让我们印象难忘。每一个神迹都是一次真理的比喻，而每一个比喻都是一次真理的神迹。**那牧杖代表了摩西生命中的三件事情。

首先，它代表了摩西的身份——他是谁。摩西是个牧羊人，这根杖代表了他的工作、他的事业、他是谁，是他身份的象征。

第二，它象征着摩西的收入和财富，因为在当时人的财富全系于他的牲口数量。那时没有银行户口、没有股票市场，你的财富以你拥有多少头牲畜来衡量；数算有多少头牛、绵羊和山羊，就能准确知道财富有多少。所以那牧杖不单代表了摩西的身份，也代表了他的收入。

第三，它代表了摩西的影响力。你用牧杖来干什么？就是发挥影响力，将羊群由一处赶往另一处。你会用牧杖弯曲的顶端来拉它们，或是用另一端来捅它们。身为牧人，你们应该对这两种技巧非常熟悉；有时拉他们，有时捅他们。

牧杖代表了摩西的身份（他是谁）、影响力（他做什么）和财富（他有什么）。而上帝是在说，**每次你将它放下来给我，它就会活起来；而每次你将它拿在自己手里，它就会再一次死掉。**这经验成为摩西生命的转捩点。自此，《圣经》不再将那根杖形容为"摩西的杖"，而是称之为"上帝的杖"。就是这根"上帝的杖"，当摩西将它高举于红海的水面上，红海就分开。就是这根"上帝的杖"，当摩西将它探进尼罗河，河水就变成血；就是这根"上帝的杖"，当摩西用它敲打磐石，就有水流出供应给口渴的人；就是这根"上帝的杖"，摩西用来降十灾、对抗埃及的假神。上帝用一根很简单的木棍来改变历史，因为它已被交付给上帝，而上帝使它活起来。

两年前，我被邀请向一班美国职业篮球明星队的队员演讲，因为美国大多数篮球队员均已参加了40天的目标导向训练。这些青年只玩一项运动，就赚取百万计的金钱。我跟这些青年说："你们手中的是什么？是个篮球。它代表了你的身份、你的影响力，以及你的收入。你可以将之为己所用，或是为上帝所用。"

今晚我问大家一个上帝在几千年前问过摩西的问题：**你手中的是什么？上帝在你生命中摆放了什么？你的身份、你的影响力、你的收入怎样？你现在怎样使用你所得的？**这是生命中第二重要的问题。

过去四年，我深深思考这个问题，因为我的人生在四年前经历了戏剧性的变化。三件出乎意料的事件，将我的生命完完全全地导引至全新的方向。让我来跟大家分享我的见证。

我的前半生

我与我的太太在 1975 年结婚，婚前我们就已经决定委身到中国当宣教士，婚后我们进了神学院，并准备进入中国大陆宣教。那时是 1970 年代中期，因此身为美国人的我们不能入境中国；那是我一生中最大的失望。我不明白，为何上帝不让我们达成那个我们认为他呼召我们去做的事。我和太太一同祷告，一同哭泣，问上帝为何这扇门不为我们而开。很多人不想去中国，而我们真的想去，为何不让我们去？我从前不明白，如今就明白了。

长话短说，1980 年，我们在南加州开设教会。我们从 1500 英里外的德克萨斯州搬到南加州开设教会；没有钱、没有会友、没有教堂。在开始教会的那个城市里，我一个人也不认识。我们在1980年1月1日下午4点到达洛杉矶，正值交通繁忙的时段，成千上万的车辆堵塞得水泄不通。你要明白我的背景，我是在一个人口不足500人的乡村长大的，当我在洛杉矶目睹成千上万的车辆时，我说：“上帝啊，你找错人啦！我在这里干什么？我肯定搞错了你的呼召。”驶下高速公路后，我们碰到第一家地产公司就进去了，并对那里的经纪人说：“我名叫华理克，25岁。我到这里来开设新教会，需要一个住处，但没有钱。”他就如你们现在一样，开始笑了。戴德生（Hudson Taylor）曾说过：**“当上帝带领时，他就会供应。”** 而这位地产经纪人就给我们找来一间很小的房子，我太太对我说：“好，我们就要这房子。”而他免去我们首月租金和押金。三小时内我们就搬了进去，而那位经纪人也成为我们教会的第一位会友。当我们驾车前往那间房子时，我问：“唐，你有没有参加哪间教会？”他说：“没有，我不喜欢到教会去。”我说：“好！那你就是我的首位会友。”我们一周后就开始聚会，包括我、我太太和小女儿，还有唐和他太太、女儿，以及另一个人。

　　故事来到26年后，今年的复活节，也是马鞍峰教会的第26周年纪念日，我们的崇拜有35000人出席。**我的标竿只是要在**

一生中成就两件事：我希望毕生牧养一间教会，并训练其他牧师。而上帝让我这样做了 26 年。我不想上电视，也不想上电台，只想当一名牧师并训练其他的牧师，这样我就很开心了。我的心也与那些服事小教会，却因为教会长期付不起薪水而要兼职的牧师同在。12 年前我写了《直奔标竿》（*The Purpose Driven Church*），我就将它献给这些兼职牧者。我的父亲毕生从事牧师工作，从未牧养超过 150 人。所以对于我自己的生命计划，我很开心。

我的转捩点

然而，四年前有三件事发生。

1400 万爱滋遗孤

首先，我的太太患了癌症。有一天她卧在长椅上看新闻杂志，封面上说在非洲有 1400 万儿童因为爱滋病而成为孤儿。这令我太太大为震惊，她将杂志扔到地上，说："我必须承认，我连一个孤儿也不认识；我也必须承认，我实在无法想像这 1400 万人成为孤儿，只因为一种疾病——爱滋病。"她说，那天上帝对她说话："你可以让这痛苦藏在心中，感受它，回应它；或是将你的心关闭起来，度过余生，不去理会它。"

我太太决定敞开心门，去感受所有爱滋病人的痛苦。她开始研究并发现，女性爱滋病患的人数比男性多；同时发现，儿童罹患爱滋病的人数比同性恋者更多；又发现爱滋病已成为流行疫症，不单在非洲，也在亚洲。她对我说，她相信上帝在呼召她替爱滋病患发声。我告诉她："甜心，这实在很好，我会支持你的异象，正如我当初开设教会时你支持我的。但是你要明白，这不是我的呼召，我是被召去训练牧师。"但当我的太太越谈得多，这事就越发抓紧我的心。**有人说，在家庭中最具力量的谈话，是睡觉前躺在床上说的枕边话。丈夫或许是全家人的头，但妻子却是使头转动的颈项。**上帝开始透过妻子对我说话。你们当中的牧师，要多听听你太太的话，她看起来不像上帝，但她为他说话。

名利双收后的管家之道

第二桩转变我生命的事情，是我的著作《标竿人生》的成功。没有人想像得到，这本书可以在三年内成为全球畅销书。它现在已被授权翻译成 56 种语言的版本，而它的英语版本，已成为美国史上最畅销的硬皮精装书籍。当这书成为全球畅销书时，我的生活里有两件事情开始改变：首先是这书带给我巨额的金钱；其次，它也给我带来名气，令我备受瞩目。我不知该怎么办。

坦白说，这吓坏了我，令我战兢不已。**我不相信上帝给你金钱和名气，是为了你那自我中心的自尊自负。特别如果你是牧师，我更肯定上帝不会为了你的私心而给你金钱和名气。**当你写一本书，开宗明义说此书的目的不是关乎你，当钱财涌来时，当然也不是为了你。所以我开始为着如何做个金钱和影响力的好管家祈祷——上帝放到我手中的，我要怎样使用；对于我的钱财，对于我的名气，我该怎么办。身为一名牧师，我当然开始查考《圣经》，问问上帝我应如何做才好。上帝引领我到经文里的两个篇章：一在新约，论及如何处理财富；一在旧约，论及如何处理名气。

第一段经文是《哥林多前书》第九章，在那里保罗对牧师讲话，说那些教导福音的，应靠福音养生谋活。换言之，支薪给你的牧师，或是你因事工而得工资，并无不妥。然而保罗说：

"我不会领受这权益，因为我希望能免费服事这福音，以致我不至于成为任何人的差役。" ❸

当我读到这篇章时，我说："这就是我想做的。"因此我和太太就着如何运用《标竿人生》所赚来的钱，作了五个决定，因为它带来了千万美元的财富。

首先，我们完全不改变我们现有的生活方式，我们不会在自己身上花那些钱。我仍然住在那间生活了 14 年的房子，驾驶那辆六年车龄的福特房车。我没有游轮、没有私人飞机、没有第二栋房子，甚至穿鞋时仍然不穿袜子，一切从简。

我做的第二件事，是自四年前开始，我就不再从教会支领薪水。我和我太太所做的第三件事，是将过去 25 年来教会付给我们的薪水加起来，然后一并退回。我这样做，是因为知道上帝将我放在灯光照射之下，我不希望让人以为我所做的是为了钱。我知道每位牧师如果能力可及，都希望这样做。我知道传媒常将做圣工（Ministries）的人描述得好像是为钱而工作，这纯属谎言。我曾经训练全球 160 多个国家、逾 40 万名牧师，从不曾遇上一个是为钱而工作的。我希望向传媒表述清楚。而我所做的，是代表每位我所认识的牧师。刚好在一周后，美国一家全国性的杂志来访问我，那位记者的第一个问题就是："你的薪水有多少？"我知道她心里一定想："这又是一个在教会赚了很多钱的知名富有的美国牧师。"我想：这机会实在最好不过！所以我对她说："我在我的教会免费服事了 25 年"——当下看着她的脸色，实在太值回票价了。她大为震惊——只要能再看见她涨红的脸，我实在愿意付上双倍的代价。

我们所做的第四件事，是成立了三个慈善基金。一个叫做怜悯行动（Acts of Mercy），由我太太主持。我们希望能为全球因爱滋病毒而受苦的人，提供以百万美元计的援助。第二个基金叫做**领袖发展**（Developing Leaders），为我和我的团队支付到全球各地演讲——就像今天来到澳门——所需要的交通费用。我们去任何国家都不是为了收取什么，而是为了付出。第三个基金是**全球和平基金**（The Global P.E.A.C.E. Funds），稍后我会跟大家说明。

我们最后做的一件事，是我和我太太成为"倒过来"的十一奉献者。31 年前，在我和太太结婚之时，我们已做十一奉献。当时我们做了一个决定：我们也许会欠其他人的债，但绝不能欠上帝的债，我们必须先奉献给上帝，所以我们将收入的第一个 10%，总是给上帝的。婚后将近一年，我们将之提升至11%；婚后第二年，就提升至 12%；到婚后第三年，就提升至13%。我们没有告知任何人，也没有多言乱语，我们就是默默地做。有些年份我们会提升不止 1%。我太太和我结婚 31 年，我们奉献 90%，靠 10% 来生活。我为何如此行？**每次我付出，就打破了物质主义加在我生命上的捆绑。每次我付出，我的心怀就变得更大。每次我付出，我就变得更像耶稣。**若你仍不知道成为慷慨的人，你不可能更像耶稣基督。《圣经》里关于付出的应许，比任何其他题目都更多。上帝想和我们一起玩玩，我们给他，他也给我们，看看谁会赢。我与上帝玩了 31 年，我年年都输。**你不可能付出得比上帝更多。**

所以我要问问自己："上帝在我手上放了什么？"朋友，坦白说，关于金钱的部分是比较容易处理的，捐出去就是了。更难的部分是如何处理影响力——是作个影响力（Influence）的管家，而不单单是财富（Affluence）的管家。我开始读《圣经》寻找答案，上帝就引领我到《诗篇》七十二篇，是所罗门祈求更多影响力的一篇祷文。若你第一次读这篇祷文，你会觉得它似乎很自我中心。所罗门说："主啊，我希望你使我有名声。"他祈祷说："求你使我的名声传遍各国。"他说："我希望你赐福予我，给我更多权力。"——这看来非常自私，直到你明白他的动机——《诗篇》这样说："上帝啊，我希望你这样做，好让王可以帮助孤儿寡妇。我希望你赐福我，好使我可以协助贫穷人和照顾患病者。我希望你赐福我，好使我可以替受压的说话，替寄居的辩护。我希望你赐福我，好使我可以赐福予其他人。这不是为我的益处，而是为其他贫穷的和有需要的人的益处。"当我读到这段经文，上帝告诉我，影响力的目的，是为了替那没有影响力的人说话。上帝不会为了你的骄傲而给你影响力，他给你职衔位分不是为了你的自我中心。影响力的目的，是为了替那没有影响力的人来说话。

我要忏悔。我要对上帝说："我实在对不起，我不曾照顾过孤儿寡妇，我没有真正帮助过贫穷人和患病者，我忙于建立教会。"这不是说我过去所做的是坏事。我们训练牧师，又四处寻找人归向耶稣基督，我们所做的很好，在过去十年我们教会有 20000 人受洗。上帝说："你做的都很好，可是你没有关心那些我最关心的人。"我说：**"上帝啊，我会尽我余生，借着你所给我的——无论是财富，还是影响力——来帮助那些人微言轻的人。"**这是我人生的第二个转捩点。

在非洲大陆的夜空下

第三件事是我和太太到南非访问，在那里向非洲人学习教会如何从事关顾爱滋病人的事工。我们到那里成为学习者，因为他们做得比我们教会好。我和我的团队在那里一如往常地训练领袖，带领一连三天的"目标导向教会"训练研习班，并向全非洲 400 个地方广播。那个星期我们训练了 80000 位领袖。那时我很开心，觉得这是上帝带我来南非的原因。但上帝另有想法，有时，上帝会在你背后另有意图。

会后，我说："我想看看一间有代表性的教会，能否带我去乡村看看一间典型的非洲教会？"我们跳上吉普车，直向森林驶去，到了一间乡村小教会，没有任何建筑物，只有一个帐幕。帐幕内大概有 75 人在聚会，包括 25 名因为爱滋病而成为孤儿的小童。这间教会什么也没有，但他们关顾这班小童，教他们耕种，教育他们，晚上就让他们睡在帐幕里。看过这一切，我对自己说："这间小教会在帮助穷人方面所做的，远多于我在美国的那间富裕的超级教会。"

教会里的年轻非洲牧师出来欢迎我，我不认识他，他也不知道我会来。当他望着我说："我知道你是谁，你是华理克牧师。"我说："你怎么会知道我是谁？"他说："我每星期都从互联网下载你的讲章。"我不限制我的讲章的版权，任何牧师都可以取用。我回问他说："这乡村连电力也没有，你怎么能取得我的讲章？这乡村连自来水也没有啊！"他说："可是，南非每间邮局都有连上互联网。"—— 他们称之为公共资讯终端机。他说："我每周一次步行一个半小时到最近的邮局，下载你的讲章，然后再花一个半小时徒步走回教会来宣讲。"他说："华牧师，你的训练是我唯一可得的资源。"

当我听到这里，我的心碎了。我说："**上帝在我手里摆放**

了这么多，我们蒙福是为了让他人蒙福。我会尽我的余生，帮助那些没有任何资源的牧者。"

那晚，我在非洲的夜空下席地而坐，我对上帝说："上帝啊，地球上最大的问题是什么？"我知道领袖训练是问题之一，过去我忽略了爱滋病问题，那我还忽略了什么其他问题？我知道当我们攻击世上最巨大的问题，上帝亦会得到最大的荣耀。当大卫战胜了歌利亚，上帝得了极大的荣耀。我开始想及过去我所到过的国家，以及当中我一再遇见的问题。最后我得出结论：地球上有五个巨大问题。它们太大了，没有人能成功解决，美国不能，联合国也不能。这就是我所说的"环球歌利亚"——地球上最大的五个问题。

地球上最大的五个问题

地球上第一个最大的问题是**心灵空虚**（Spiritual Emptiness），人不知道上帝在他们的生命里是有目标的，人不知道耶稣为他们而死，人不知道他们的生命不是一场意外。有意外的父母，却没有意外的小孩。有人没有预先计划就当了父母，但没有人成为子女是计划之外的——也许你的父母没有计划，但上帝有他的计划，他知道什么DNA最适合你。你的父母也许是好父母，也许是坏父母，也许你从不认识他们，但那不太要紧，因为要紧的是上帝决定创造你，他也在养育之道中。如今，有上亿的人漫无目标和盼望地活着，生活没有什么倚靠，也没有什么期待。今天我们召开这个大会，也是因为心灵空虚是世上第一大问题，而耶稣就是答案。

地球上第二个最大的问题也许会让你大吃一惊，就是**骄傲而自私的领导方式**（Prideful，Self-serving Leadership）。这种领导人以为群众是为他们而存在的，而不是由领导人来服事群众。我们不需要西方式的领导，也不需要东方式的领导，我们需要耶稣式的领导——好牧人为羊舍命。全球都有领导腐败的问题，他们的领袖开始时是仆人，最后却成了明星，忘掉上帝使他们成为领袖的首要原因。每间教会、每间企业、每间公司、每间学校，四处都有小侯赛因，因为他们为自己而活，而不是为追随者而活，所以世上有这么多的问题。

地球上第三个最大的问题是**赤贫**（Extreme Poverty）。世上有一半人口每天靠少于 3 美元来生活，有 10 亿人每天的维生费用少于 1 美元，还有以百万计的人每天要挨饿入睡或无家可归。在一些我们工作过的国家，例如卢安达（Luanda），他们的人均收入是 67 美分，也就是说他们可能整天工作，赚的钱仍不够买一杯咖啡。

地球上第四个最大的问题是**流行疫症**（Pandemic Diseases）。最不能原谅的是，大部分的疾病其实都可以根治和预防，例如麻疹、小儿麻痺症、黄热病等等。我们知道如何治好儿童的头号杀手痢疾，也知道如何预防盘尾丝虫病和类似的疾病。今年全球会有五亿人患上疟疾，但其实在 100 年前，我们已经知道如何预防它，我们只是没有领袖该有的足够的勇气、信念和能力说："够了，够了，别再多等一年！"2005 年，一场海啸横扫东南亚，夺去 24 万人的性命。但现在，每九天就有一场"海啸"发生在全球儿童身上：每九天死于可治疾病的儿童数量，多于那场海啸的死亡数字。但从没有人谈论。这是第四个巨大问题。

地球上第五个最大的问题是**文盲**（Illiteracy）。全球有一半人口不懂读写。就算有互联网等所有科技，若你不懂读写，仍于你无份。

教会，不要只做一张嘴

历史记载，教会一直很在意这些事，我们总是关心如何医治人、如何教育人。世上有超过九成的学校是由基督徒开办的。每个国家的第一间学校，通常都是由传教士开办。医院也是这样。这五个问题实在太大了，无人解决过，世上只有一样东西大得可以解决这些问题，就是全球数以百万计的地区教会。全球有23亿人口声称是基督的追随者，也就是说，每三个人就有一个声称是教会的会友，这令教会成为全球最大的组织，没有其他组织的规模可堪比拟。教会比中国更大，比印度更大，比联合国更大。很多地方都有教会，而联合国却没有其代表。

教会是基督的身体，但过去50年，它的手脚好像被截断了，

太多时候教会只是一张嘴，谈得很多，却做得很少。我不知你们的国家怎样，但在美国，我们知道要反对什么多于要赞成什么。你说：朋友，教会需要解决这些问题，但我的教会能够做到什么？我的教会很小，资源有限，连自己的需要也应付不来，那我们怎能照顾世界的问题？

我也问同样的问题，我开始查经，我说：主啊，你一定有解决问题的策略，你从不让我们没有计划而离弃我们。我把《圣经》读了一遍又一遍，我意识到答案在基督自己的生平里。当耶稣在地上做服事的工作时，他做了五件事，正好是世上五大问题的解药。

你们知道我到过世界上很多国家。常常有牧者对我说：这是韩国的做法，或者说：中国人这样做，美国人这样做，日本人这样做；我感兴趣的是耶稣怎样做。他是唯一的完美模范。在我的国家或你的国家，都没有完美的模范，**如果有一个模式是合乎《圣经》的，那么它就是跨文化的，在什么地方都行得通。如果那是上帝的计划，它就可以在任何一种文化中都行得通。**

那么，耶稣在世时做了什么事？他做了五件事。

耶稣的方法

第一件事，他建立了教会。耶稣说：我要建立我的教会。这是他做的第一件事，很明显行得通，因为我们都在这里。

第二，他装备了仆人领袖。我们知道耶稣拣选了 12 个人，他用了三年时间亲自训练他们，作他们的师傅，训练他们成为仆人领袖。如《约翰福音》十三章所述，他说："*我已给你们立下榜样，你们要照样去行！*"❹

第三，他帮助穷人。耶稣所宣讲的第一篇讲章是在他的家乡宣讲。如《路加福音》第四章所述，在拿撒勒的讲章的头一句，他宣告他的工作，说："*主的灵在我身上，要我传福音给贫穷人。*"❺上帝在地上有没有偏心？答案是有，他爱贫穷人。

若你读经，你会发现《圣经》中有两千句是关于穷人的。当下我的眼睛被打开了，我说："我过去怎会忽略了他们？我怎能一直忽略了这关于'贫穷'的两千句？"我曾读过两间神学院，也有一个博士学位，但我就是忽略了这关于贫穷的两千句。

第四，耶稣照顾病人。耶稣有三分之一的服事是关乎医治。《圣经》上说耶稣走遍各城各乡，医治病人，他关心他们肉身的健康。他不只关注人的灵魂，也关注人的肉身，因此他的工作有三分之一与健康有关。作为基督的身体，我们要做同样的事情。

第五，耶稣教育下一代。耶稣的服事，有三分之一是教导。他说："你们会认识真理，真理使你们得自由。"❻ 他又说："让小孩子到我这里来，因天国里的子民，正是像他们这样的人。"❼ 他又说："你们宁可被沉到海里，也不要绊倒这样的一个小子。"❽

我忽然意会到，耶稣在世所做的五件事，正是地上五大问题的解药。世上心灵空虚的答案，是建立成千上万的教会。对付腐败自私的领导，答案就是装备仆人领袖。贫穷问题的答案，在于帮助贫穷人。疾病问题的答案，在于照顾患病者。文盲问题的答案，在于教育下一代。

和平计划与当得平安的人

我无法详尽解说和平计划的细节，但耶稣肉身在世所做的事，他也期望我们的教会——这基督属灵的身体——今天同样去做。如果我们不做耶稣所做的事情，我怀疑我们到底算不算耶稣的门徒？

我们怎样延续耶稣的工作？我说："上帝啊，即使对资源有限的教会，也一定有一些策略可以用。"我在《马太福音》第十章和《路加福音》第十章找到答案。当耶稣教导完 70 个门徒之后，就差派他们出去。今晚我没有时间详细查考这些教导，我只能讲一点。耶稣说："当你进到村内，要找那当得平安的人。当你找到那当得平安的人，你就祝福他。若他接待你，

你就住在他家里，开始你的服事。若这当得平安的人拒绝你，你就踩下鞋上的尘土，到其他村庄去。"❾

谁是"当得平安的人"？他是开放而有影响力的人。他对你所做的持开放态度，分享你的福音，并且对同村的人有影响力。这可能是位当得平安的妇女，也可能是村庄中德高望重的老祖母，当她讲话时，人人都会留心听。我发现每个村庄都有这样当得平安的人。每间教会、每个行业、每个政府，都有这样当得平安的人。耶稣说：要找这样的人。有趣的地方在这里：这当得平安的人并非一定要是基督徒，因为当耶稣派遣 70 个人出去时，那时还没有基督徒，耶稣还没有死在十字架上，也还没有教会，没有信徒。他说：出去找那愿意与你合作的人。所以**这个当得平安的人可能属于其他宗教信仰，甚或没有宗教信仰，但他愿意与你合作。**一旦你找到他们，你要做什么？你就实践和平计划 (The P.E.A.C.E. Plan)，就是耶稣所做的五件事：你建立教会，你装备领袖，你帮助贫穷人，你照料病人，你教育下一代。

碍于篇幅，我无法细述，但耶稣永远都是派遣小组出去，而不是差遣一个人。而和平计划正是动员世上千万个教会里的小组去行耶稣所行的。我的教会有超过 3000 个小组，我要求每个小组认领一个村庄去实行和平计划。我说：上帝要你成为《使徒行传》一章 8 节的基督徒，从你的"耶路撒冷"开始——就是我们所说的"个人的平安计划"（The Personal P.E.A.C.E. Plan），你可以在你的朋友、亲戚和邻居之间开始你的服事。这不用花什么钱，你在你所在的城市开展计划，这就是你的耶路撒冷。然后你到"犹大全地"，那是你的乡村、你城市的周边地区——我们称之为"本土的平安计划"（The Local P.E.A.C.E. Plan）。那是你小组招聚的地方，或是城市的另一边。然后你到"撒玛利亚"，那是一批与你文化不同，却住在同一个城市的人。在加州的洛杉矶，那里的人说 196 种语言，所以我不必走很远去找我的撒玛利亚人。然后你要走到"地极"。

想想这一点：当耶稣吩咐门徒去执行大使命时，就物质上而言，其实并不可能。那时没有游轮、没有火车、没有飞机、没有汽车、没有传真机、没有手机。使徒没可能去到南美洲、澳洲和很多其他地方。但耶稣说：我期望你去，你们认为不可能的，我会使之成为可能。今天我们是全球化的第一代，你可以在 24 小时之内去到全世界任何一处地方，不相信的话你可以问问你的旅行社，他们可以在一天之内送你到任何地方。

今天，上帝的国度在哪里？

我们如何投入上帝的计划？上帝的计划是上帝的国度，是耶稣服事的主题。"国度"一词在新约《圣经》中使用了 156 次，是耶稣喜欢使用的讲法，关乎上帝在世上的工作。今天较早的时候，我们以主祷文来祈祷："愿你的国降临，愿你的旨意成就。"❿ 那是什么意思？当上帝的旨意成就，上帝的国就降临。这是重复的语句：上帝的国降临，就是上帝的旨意成就。我们说："愿你的旨意成就在地上，如同成就在天上。"⓫为什么？因为上帝的旨意在天上已得以完全，但在地上仍未如此。上帝的国度在哪里？就是耶稣作王之处。若他在天上作王，天上就是他的国度；若他在你心里作王，他的国度就在你的心里；若他在地上作王，这里就是他的国度。

我来参加这个会议，因为你们在意将人差遣出去。**我已晓得生命里的两件事：当你在意全世界，上帝就会赐福你的世界；当你尊重地区教会，上帝也会尊重你。**让我再说一次：我们要一起工作，我们必须一起工作，我们必须一起工作。按宗派堂会来分割的时代已过，现在是在标竿里合一的时候，现在就是上帝的教会完成上帝目标的时候，现在就是"愿他的国降临，愿他的旨意成就"的时候。我很喜欢华福会歌的最后一句："最后一棒，我们迎头赶上，凯歌高唱，直到永远。"

（本文整理自美国马鞍峰教会主任牧师华理克于第七届世界华人福音会议晚间宣教庆典上的分享信息，由《时代论坛》翻译，并蒙华理克牧师及《时代论坛》同意转载，原网址如下：http://christiantimes.org.hk/Common/Reader/News/ShowNews.jsp?Nid=36172&Pid=6&Version=0&Cid=150&Charset=big5_hkscs）

注释:

---

❶ 《出埃及记》三章 5 节（英文直译）

❷ 《出埃及记》四章 2 节（英文直译）

❸ 《哥林多前书》九章 12 节（英文直译）

❹ 《约翰福音》十三章 15 节（英文直译）

❺ 《路加福音》四章 18 节（英文直译）

❻ 《约翰福音》八章 32 节（英文直译）

❼ 《马太福音》十九章 14 节（英文直译）

❽ 《路加福音》十七章 2 节（英文直译）

❾ 《马太福音》十章 11–14 节（英文直译）

❿ 《马太福音》六章 10 节（英文直译）

⓫ 《马太福音》六章 10 节（英文直译）

迎接圣诞，祷告日志

（12月1日–25日）

迎接圣诞，祷告日志

12 月 1 日

亲爱的上帝，今年的圣诞节，我希望……

12 月 2 日

主啊，为着……我献上感恩

12 月 3 日

天父，帮助我能看见 / 理解 / 领会……

迎接圣诞，祷告日志

12 月 4 日

主啊，帮助我能欢庆……

12 月 5 日

主啊，原谅我……

12 月 6 日

天父，我祈求……

迎接圣诞，祷告日志

12 月 7 日

主啊，帮助我的家人能够认识……

12 月 8 日

主啊，教导我……

12 月 9 日

主啊，因为……我的生命变得有意义

迎接圣诞，祷告日志

12 月 10 日

主啊，请给我这样的心思意念……

12 月 11 日

耶稣，我永远都会记得……

12 月 12 日

天父，我活着的目的是……

迎接圣诞，祷告日志

12 月 13 日

主啊，帮助我胜过……

12 月 14 日

主啊，今天有些事，我只想告诉你……

12 月 15 日

主耶稣，谢谢你救我脱离……

迎接圣诞，祷告日志

12 月 16 日

天父，我愿意献上……给你

12 月 17 日

主啊，我真正需要被你触摸的地方是……

12 月 18 日

主啊，我永远都不会忘记……

迎接圣诞，祷告日志

12 月 19 日

主啊，请帮助我与……和好

12 月 20 日

主啊，今天我为着……感谢你

12 月 21 日

主啊，帮助我能够记得……

迎接圣诞，祷告日志

12 月 22 日

主耶稣，我恳求你能够帮助我的朋友……

12 月 23 日

主啊，我的心渴望……

12 月 24 日

主耶稣，在一切之上，我想让你知道……

迎接圣诞，祷告日志

12 月 25 日

主耶稣，祝你生日快乐！……

图书在版编目（CIP）数据

这一天，是为了你/（美）华理克著；杨高俐理译．—上海：
上海三联书店，2015.12（2025.7 重印）
ISBN 978-7-5426-5150-1

Ⅰ．①这… Ⅱ．①华… ②杨… Ⅲ．①圣诞节—通俗读物
Ⅳ．① K891.1-49

中国版本图书馆CIP数据核字（2015）第060563号

这一天，是为了你

著　　者 /	华理克（Rick Warren）
译　　者 /	杨高俐理
策　　划 /	徐志跃
责任编辑 /	邱　红
装帧设计 /	周周设计局
监　　制 /	姚　军
责任校对 /	张大伟

出版发行 / 上海三联书店

　　　　　　（200041）中国上海市静安区威海路 755 号 30 楼

邮　　箱 / sdxsanlian@sina.com

联系电话 / 编辑部：021-22895517
　　　　　　发行部：021-22895559

印　　刷 /	上海盛通时代印刷有限公司
版　　次 /	2015 年 12 月第 1 版
印　　次 /	2025 年 7 月第 8 次印刷
开　　本 /	890mm×1240mm　1/32
字　　数 /	50 千字
印　　张 /	5.25
书　　号 /	ISBN 978-7-5426-5150-1 / B·409
定　　价 /	35.00 元

敬启读者，如发现本书有印装质量问题，请与印刷厂联系：021-37910000